一个医生的
读书札记

郎景和

一个医生的读书札记

郎景和 著

生活·讀書·新知三联书店

Copyright © 2019 by SDX Joint Publishing Company.
All Rights Reserved.

本作品版权由生活·读书·新知三联书店所有。
未经许可,不得翻印。

图书在版编目(CIP)数据

一个医生的读书札记/郎景和著. —北京:生活·读书·新知三联书店,2019.11
ISBN 978 – 7 – 108 – 06420 – 2

Ⅰ.①一⋯　Ⅱ.①郎⋯　Ⅲ.①读书笔记–中国–现代
Ⅳ.① G792

中国版本图书馆 CIP 数据核字(2019)第 224876 号

责任编辑	唐明星
装帧设计	瞿中华
责任校对	曹忠苓
责任印制	卢　岳
出版发行	生活·讀書·新知 三联书店 (北京市东城区美术馆东街 22 号 100010)
网　　址	www.sdxjpc.com
经　　销	新华书店
印　　刷	北京市松源印刷有限公司
版　　次	2019 年 11 月北京第 1 版 2019 年 11 月北京第 1 次印刷
开　　本	635 毫米 × 965 毫米　1/16　印张 13.5
字　　数	124 千字　图 60 幅
印　　数	00,001 – 10,000 册
定　　价	68.00 元

(印装查询:01064002715;邮购查询:01084010542)

目 录

- 001 | 前言
- 003 | 奥斯勒与子宫内膜异位症
- 007 | 邦尼和他的书
- 012 | 颠覆医疗
- 014 | 关于叙事医学
- 018 | 荒诞医学史与医学的荒诞
- 021 | 基因——生命密码
- 024 | 临床医疗面临两难
- 028 | 内分泌学是妇产科学的内科学基础
- 031 | 《孙子兵法》与外科手术
- 036 | 外科医生的塑造
- 040 | 学习医学史
- 044 | 医疗"陷阱"与规避
- 047 | 医生的本职、医生的责任
- 051 | 医生的读书和写作
- 056 | 医生宜读些散文
- 059 | 医生要读点美术书,看点艺术画
- 063 | 医生与作家——读几本医生作家的文学著作
- 066 | 医学与文学的美好交融
- 070 | 医学与美学——读一点美学的书

074 | 医学与宗教

078 | 再读阿图医生——兼谈医生的读与写

081 | 医食觅源与健康秘籍

084 | 医学不万能

088 | 医学临床研究的典范

091 | 重读希波克拉底誓言

094 | 达·芬奇不仅仅是伟大的艺术家……

097 | 读秦牧

101 | 读邢振龄先生的画

106 | 对"蛇画"的自我评介

111 | 关于序

114 | 逛书店

117 | 和洋专家的书缘和友谊

121 | 江边智慧对话　两边思想交锋——读《江边对话》

125 | 咖啡的正论与漫读

133 | 关于《冷记忆》

136 | 林巧稚大夫给我们留下的……

141 | 鲁迅和胡适

144 | 让我们的生活与工作充满情趣

147 | 从读《如何阅读一本书》谈阅读

150 | 三部伟大的《忏悔录》

154 | "死亡的脸"是可怖的吗？

157 | "生命的脸"需得珍重

160 | 生命是一种缘

163 | 泰戈尔和纪伯伦

167 | 我的读书

170 | 我的读书报告

172 | 我的书房

175 | 学哲学

177 | 知识的篮子

180 | 纵情之痛与切肤之痛

184 | 人类向何处去？人类会如何？

187 | 初读《易经》

190 | 医学是有温度的

194 | 还有诗和远方……

198 | 《一个医生的诗书》后记

前言

读书之重要,读书之快乐,尽人皆知。

读何种书,如何读书,各有不同。

读了书又如何,如何作想,如何践行,就更难尽言了……

于是,有了"读书札记"。

形成了文,编成了书。这缘于《中国医学论坛报》田青、刘金两位编辑之约,在该报为我开辟一个"专栏",内容要求不限于专业,也不限于医学。正合我意,一拍即合。

我之所以愿意、敢于承担"任务",是由于我的确喜欢读书,读了不少书,而且读得比较杂。再者,我的记忆力不错,虽不能说"过目不忘",却也大致可以铭记于心。此外,我还有一个不错的习惯,就是好的书、好的文,总会有个笔记,用于择文摘记,可查可想可回味,可思可量可书文。最后则是我也愿意写点东西,舞文弄墨是我的一个爱好。

但要为专栏写作也并非易事。一则,每篇一两千的文字应该有点意思、有点思想。二则,要连续不辍,不能"断顿",这无疑给自己套上了一个"枷锁"。我有点写专栏文章的经验，至少有五六篇以上的成文积累后才敢"剪彩"，并保证每周一两篇的供文。所以，从我和《中国医学论坛报》编辑策划到正式"开张"，用了半年多的时间！

札记写什么，写札记为什么？在我的札记里，我想要表达的是：

其一，介绍一本书的主要内容（特点、要旨）。否则读者不知道你下面讲的源于何处、缘于何由。

其二，会有一个评论，是个推荐。当然要笔者认为这是一部好书，一部值得研读的书。

其三，发表自己的感想，是为札记，也是"借题发挥"。这也是本书的主要内容，是思索与感悟、振奋与踌躇、悲喜与甘苦……

这些札记显然不都是，或者大部分不是新近读的书，是重新翻阅、复习我的"笔记"，演绎而成。也基本不会再去翻阅原著，或只是个别地核对一些内容。所以，动起笔来，也还轻松。费神的是提出问题、思考问题；但这也是读书之乐，读书之苦；这也是写作之乐，写作之苦。

当然，应该感谢三联书店慨然接受出版，这是我在三联出的第三本书了。

好书共欣赏，札记同分享。

郎景和

2019年夏

奥斯勒与子宫内膜异位症

这是个挺奇怪的题目。

奥斯勒（1849—1919），出生于加拿大，在英国牛津大学去世。他是一位伟大的医学家、医学教育家，著名的内科医生。子宫内膜异位症是现今常见的妇科疾病，但在一百多年前并不算常见病。可是，就在那个时候，奥斯勒居然说出："你懂得了子宫内膜异位症，就是懂得了妇科学。"此语可以说是深刻睿智、振聋发聩！

一位内科医生于一百多年前就说出让我们妇科医生领悟、深省的道理，尊崇诚服之余，甚至有些汗颜。

先前，我曾写过一篇《学习奥斯勒的医学人文思想》的文章，主要介绍这位医学人文开拓者的哲学理念和人文关怀。而今天的命题，却让我们领会一位伟大医学家深邃的思想和广博的智慧。

子宫内膜异位症是指子宫内膜在异地或异位生长、出血，形成结节、肿物等病变，会引起疼痛、月经障碍、肿瘤以及不孕不育等病症，在卵巢、盆腹腔、子宫肌层等部位形成所谓"盆腔的沙尘暴"，严重影响妇女的健康和生活质量。

直到 1998 年，医学界在加拿大魁北克召开的国际子宫内膜异位症大会，才提出"子宫内膜异位症（简称内异症）是个遗传性疾病，是个炎症性疾病，是个免疫性疾病，是个出血性疾病，是个激素依赖性疾病，是个器官依赖性疾病"。可以说这个疾病或者这组综合征，涵盖了妇科学从症状到体征、从诊断到处理、从基础到临床的全部问题。这个时候，我们才如梦初醒般惊呼：奥斯勒先生早已预言在先！

又20年过去了。这期间内异症引起了我极大的兴趣，成了我主要的研究方向，有近六十位博士研究生从这个题目的研究里走出去。随着对该病认识的深入，我愈加深入地理解了奥斯勒的箴言。

妇科疾病包括发育畸形、炎症、创伤、肿瘤和功能障碍以及它们之间的相互作用和影响。诚如上述，虽然内异症只是子宫内膜的"异位"，造成了在异地的"生根、生长、生病"，却把妇科全部问题"演绎"了一遍！涉及类似于炎症的过程（疼痛和粘连），形成不孕不育的复杂链条，发育畸形与内异症的发生密切相关，内异症还可以发生恶变，等等。于是，当我们对内异症进行诊断和治疗时，几乎要考虑到妇科的所有问题，几乎难以逃脱奥斯勒的"谶语"！

我的书桌上摆有几本关于奥斯勒的书，内容虽不是关于妇产科学的，可是我却要以此来做出奥斯勒关于妇产科学的一个伟大的论断。它告诉我们，伟大的医学家一定有伟大的思想，这种思想是哲学的、科学推断的、辩证演绎的，而不是狭隘的、局限的、固定的。这应该是我们做个好医生的基本思想品质。它还告诉我们，伟大的医学家一定有无私的爱心，这种爱心是广博的、深切的、伦理的，而不是单一的、肤浅的、悖逆的。这也应该是我们做个好医生的基本性格特征。

我这里还有一本书，名叫《最伟大的医生》（《最伟大的医生：传记西方医学史》，［美］亨利·欧内斯特·西格里斯特著，李虎、

《郎大夫与奥斯勒时空对话》，郎景和绘

张盛钰、柯秋梦译，北京大学出版社，2014年6月出版），此书记述了五十余位伟大的医生，包括奥斯勒。这些伟大的医生之所以伟大，是因为他们受自己使命的圣火所燃烧，在日常行事中自我牺牲，无私地帮助受苦受难的病患。所思所想、所作所为，并没有受学科和行业限制，他们擦干了伤痛的眼泪，砸碎了病魔的锁链，为医学和人类做出了贡献。

这些也使我想到医学潮流的整合者、学派的建立者和时代的代表者。时光流逝，思想历久弥新，就如大哲学家杜威所言："精神的风想吹到哪儿，就吹到哪儿。"

邦尼和他的书

邦尼（William Frances Victor Bonney，1872—1953）是英国最伟大的妇科手术大师。他出生于英格兰切尔西医生世家，1911年（39岁）就出版了名著《妇科手术教科书》。此书第1版至第4版是与伯克利（Sir Comyns Berkeley）合著的，第5版与第6版为其独自编撰，第7版与学生霍金斯（Howkins）及麦克劳德（Macleod）合著。1974年的第8版易名为《邦尼妇科手术学》，由著名的英国皇家科学院院士约翰·M.莫纳汉（John M. Monaghan）主编了1986年的第9版和2004年的第10版，中译本于2007年问世。

我之所以较为详细地介绍了邦尼的巨著，是因为我怀着极大的崇敬之心，将此著作奉为妇科手术的"圣经"。

我和宋鸿钊教授于1993年在新加坡召开的国际妇产科联盟（FIGO）大会上见过莫纳汉，谈话的中心当然是邦尼大夫。

邦尼推崇和发展了魏式（Wertheim）子宫颈癌根治手术，并对此加以改良。他在1941年报告的500例手术中，给出了5年治愈率达42%、手术死亡率14%的数据。这在当时已经是很好的结果了。

邦尼的卓越贡献是创新妇科"保守性手术"的观念和实践，即子宫肌瘤剔除术和卵巢囊肿剔除术。后来的医学界越来越清晰地阐释邦尼的人文关怀和科学理念，我们也意识到应该将"保守性"（Conservative）一词改为"保护性"（Protective）。

将长有肌瘤的子宫切掉或将生有囊肿的卵巢切除可能是惯常的模式，但邦尼指出："为了半打纯属良性的肿瘤而切除年轻妇女的子宫，不啻为一次妇科手术的彻底失败。"多么严肃而中肯的忠告！他本人也在1945年（73岁）时，创造了从一个病人的子宫上剔除了258个肌瘤的纪录。他还发明了为了减少子宫肌瘤手术时出血特制的手术钳——邦尼手术钳（Bonney Forceps）。他在书中用八页的篇幅详细地描述了子宫肌瘤剔除术，根据不同部位，采取不同的切口，应用不同关闭空腔的缝合方法。如此阐述，至今无人超越！他对卵巢囊肿剔除术亦用心良苦，开创了爱护卵巢的医学先河。

学习与实践邦尼的肌瘤手术，我在我的《妇科手术笔记》一书中，用三节的篇幅描述了"肌瘤剔除术"，其中一节的题记是："在犁过的马铃薯地里，仍然可以找到马铃薯。"此题记表明在手术中要十分认真仔细，现已成为业内借鉴之语。

于是，我们必须以邦尼的观念重新定义"保守"和"保护"的内涵差异——这是迄今还没有真正提出的概念问题。

"保守"是指在医疗，特别是外科手术时墨守成规，亦步亦趋地施行，或手术拘谨、范围不够，或为避风险、求得平稳等；而"保护"则是充分考虑病人意愿，在完成治疗或手术时，更注重完美，着意于保护组织、保护器官、保护功能、保护心理，把身体与精神结合起来，把治病与救人结合起来。所以，不在乎手术大小，在乎是否达到"四个保护"，这便是邦尼倡导的子宫和卵巢手术的根本目的所在。

邦尼

作为外科大师，邦尼还明确指出，学习外科需要经历三个主要阶段：一是学做助手，并理解团队协作的重要性；二是学习手术的详细步骤，不断积累经验，沉着地应对每一步；三是学会指导助手，让手术快捷有效。这对青年医师与指导青年医师成长至关重要，而我们常常对此不甚重视，形成"自然发展"的态势。

邦尼重视外科和外科医师训练、成长的各种细节。比如，他强调外科医生应把手术作为一种艺术，而不仅仅是技术。他推崇外科技术要"简洁"，这和现今提倡的"微创化"如出一辙。邦尼还要求外科医生遵循一项法则或掌握一种本领，即把想法、施术转化为清晰和简明的绘图。这是令人击节赞赏的明智之见、垂范之举！

此外，他提出手术要"量体裁衣"的建议，就是个体病例个体分析。他充满激情地呼吁"整个团队应该把充满期待的手术过程当作一种快乐、鼓舞和成就"，不正是我们要树立的医疗行为和团队精神吗？

这时，我们又一次领悟到，多读经典原著不仅使我们能够获得知识和得以授业，更重要的是能够更好地领悟大师和先哲们的思想。

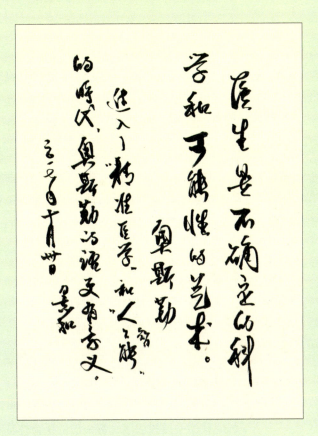

医学是不确定的科学和可能性的艺术

颠覆医疗

前些时候，读了一本书，让我沉思良久。

书名直译应为《医学的创造性破坏》。（此书中文名为《颠覆医疗：大数据时代的个人健康革命》，[美]埃里克·托普著，张南、魏薇、何雨师译，电子工业出版社，2013年10月出版。）肇始于20世纪中叶，经济学家约瑟夫·熊彼得（Joseph Schumpeter）提出，由于高科技迅猛发展，社会、生产发生了根本性创新和转型，所称世界的"创造性破坏"，即"熊彼得化。"

医学，由于信息化、大数字化、网络及开放化，也面临着"熊彼得化"。

医学，这个相对保守的"王国"要迎接严峻的挑战！

的确，靠一般书报、杂志、照片阅读知识的时代似乎要过去了，靠一般的生命体征和化验检查获得病人信息显得简单而缓慢了，靠一般的解剖、生化来解读生命密码和疾病根源有很多不足了……

传统医学，甚至我们狭隘概念上的当代医学，面对的是云计算、因特网、无线传感、三维重建、打印器官、基因组学、蛋白组学……一部手机如同一个多功能干细胞，几乎可以染指全部生活和工作等，借此，似乎是到了被"颠覆"和"崩溃"的边缘了。作为临床医生，我们有点手足无措和过早地患上了阿尔茨海默症。

我们当然要跟上时代和社会科学与技术发展的步伐，开放和分享人类进步带来的恩惠。这些"新式武器"，或者数字化突破了医学困囿的"茧壳"，高分辨、高精细技术敲碎了难解的医疗"坚果"，甚至对医疗改革和决策，以及新的医患关系的建立都会产生巨大影响，展示了医学和医疗发展的全景式视野。我们要学习掌握新观念、新理论、新技术、新方法，以裨益医学和病人。

但是，接踵而至要思考和回答的问题是，仅靠这些超级融合的概念和技术能力，就可以推动医学向前发展吗？回答是否定的。

因为，医学本源是不应该或不可以撼动的。医疗与其他任何行业的重要或根本区别在于，它研究或服务的对象是人！一个医生的培养、一个病人的诊治，都在人的身上，这里不仅有技术，更有情感和关爱。医生和病人面对的不仅仅是信息库、知识库，还是群体世界，更是个体现实，是活生生的机体，而不是虚拟人。总之，不是面对数字信息，而是具体的人。

所以，笔者坚信，不应该让医学本源遭遇颠覆，而只是获得进步。我们不要"熊彼得化"，我们要"狼人性化"。

关于叙事医学

近年,虽有一些叙事医学(Narrative Medicine)方面的书,有了关于叙事医学的概念,但医学界依然重视不够,还没有形成"气候"。

2001年美国医生卡隆(Dr. Charon)提出"叙事医学"这一概念,系指具有叙事能力的医学实践,或由叙事能力实践的医学。所谓叙事能力,是指能够吸收、解释、回应,并被病痛的故事所感动的能力。

于是,形成了三个要素(ARA):关注(Attention),更好地认识患者和疾病;再现(Representation),更好地传递知识和关爱;归属(Affiliation),更好地与同道和病家相处。

可见,完成或达到这三个要素,可以使医疗实践更人道、更人性、更人文,更有理、更有情、更有效。它使医疗实践、医学训练避免了乏情化、碎片化、冷漠化,避免了技术化、机械化、沙漠化。

《叙事医学》的封面写着:架起循证医学和人文关怀的桥梁。叙事医学消除医患之分歧,弥平医患之沟壑。医生和病人身心相遇,共同决策。我们可以相互尊重、相互信任地讨论终极关怀(生与死，苦与痛）、疾病的情境（是相对的，不是绝对的）、病因的认识（感受和规律并不总是一致的）以及理智与情感（恐惧与理解、期望与现实、信任与责怪），等等。

于是，我们将不是就病论病、就治论治、就事论事，而是全面地把病和人统一起来，或者更重要的是如何对待病人。这就是叙事医学要想要叙的五个要点：时间/空间、整体/个体、道德/伦理、客体/主体、因果/偶然。这完全是一种哲学理念、一种医学实践的理性或人性升华！无论是医者，抑或患者，我们都会为树立这一理念而平静安宁、和谐合作。

在这一过程中，医生、护士、管理者及社会学者都以此关注患者和病家的需求，鼓励他们要有信心，建立从公序良俗到人文共识。

如何获得、提高叙事能力？或者如何叙事呢？卡隆将医学分为两方面知识：客观规律的医学知识，比如遗传、病理及诊治实践；叙事医学知识，是指医疗交流、述说、编写及表达的能力。可以说，每个医生都在实践这两种能力。那么为什么不把两者做得更好、结合得更好呢？为什么只注重前者，而忽视后者呢？叙事医学给我们"全面掌握，全面发展的方向和力量"。

我们要自觉地树立和强化叙事的观念和认识，提高叙事的实践能力。

一个最基本的训练和践行"模本"是"平行病历"（Parallel Chart）的书写和训练。

所谓"平行病历"，就是除了现行的医疗文书病历之外，书写一份用非教科书、非艰涩术语描述见证者、患者的体验，讨论对患者的理解，以及诊疗行为的人文理念，形成一种所谓"反思性写作"、一种独特式"双轨"的临床书写范式，成为一种可以教学、训练，以及与患者共读的、互动的医疗文书。

为什么需要叙事医学

"平行病历"实施、强化了叙事医学,它是人文关怀、科学普及,是医患沟通、仁爱表达,是真诚对话、感情记述。像叙事医学的特征一样,以人文为基础,以文学为平台。

于是,我们可以高兴地期望,叙事医学是医生患者的合唱,医学文学的交响乐章。

每一个病例,包括每一个"平行病历"都是尊重生命的故事。

医生要善于讲故事,讲好故事,好好讲故事。

荒诞医学史与医学的荒诞

《荒诞医学史》(《荒诞医学史》,[美]莉迪亚·康、内特·彼得森著,王秀莉、赵一杰译,江西科学技术出版社,2018年9月出版),一部新的医学史,挺新颖有趣,但不荒诞。

我不是医学史家,却对医学史感兴趣,拥有至少20种医学史类著述(这里主要讲西医医学史)。《荒诞医学史》乃为另类。

这是怎样的医学发展的历程呢?从荒谬到文明究竟要走多远呢?

用黄鼠狼的睾丸作为避孕工具,用放血来治疗失血,用烧热的烙铁治疗失恋;还有吃黏土预防瘟疫,水银蒸气浴治疗梅毒,喝斗牛士的鲜血治疗癫痫……实施者都是骗子、巫神、庸医吗?并不都是,那个时代,那些人就是这样做的,为了健康,为了治疗,笃信如是、虔敬若神。

这是荒诞却又真实存在的医学脚印。让我们正视高冷面具下的医学隐秘的角落,洞悉的不仅仅是医学,也是人类文明历程中所呈现出的令人惊悚的扭曲画面。

著者在导言中郑重断定:无疑,还有很多更

糟糕的（医疗）方法现在还没出现呢！

书中记述的是几百年前或更为古远的医学历史，可进入19世纪、20世纪，甚至21世纪的今天，类似荒诞的故事仍续篇不断。

20世纪中期，由于早孕服用"反应停"（沙利度胺）保胎，出生了一批短肢畸形的婴儿，俗称海豹儿。孕妇服用己烯雌酚而生下的女婴罹患阴道腺病，进而演变为透明细胞癌⋯⋯

更为令人震惊的是1949年诺贝尔生理学或医学奖获得者安东尼·莫尼斯（Antonio Moniz, 1874—1955）提出，切除前额叶脑白质治疗躁狂性神经病，后来因为出现大批严重并发症而叫停，继而有了氯丙嗪药物治疗。

难道这是医学发展必须要经历的荆棘丛生之路？难道这是人和自然作对必须付出的惨烈代价？也许是，也许不是。

有的是技术迷信，有的是愚昧无知。

只是在不甚久远以前，有成千上万人会相信"鸡血疗法""喝水疗法""甩手疗法"，如果说，这是封建迷信，是"土偏方"，那么时至今日，又有成千上万人会相信"一滴血可以查出癌""一支针可以活百年"，这是技术迷信，是"洋偏方"。我们对所谓科学技术（有的是技术异化）的轻信，包括我们控制自然的"斗争胜利"，可能已经变成一种人类的自杀行为。我们可能已经损伤了大自然的心脏，而保护大自然就是保护人类自身。我们对医学技术的过分相信，有时也是一种自欺欺人！

另一方面，一些荒诞事件的发展，的确也是探索真理、发现真理过程中难以绕过的坎坷或者陷阱。人体复杂、人与自然或周围环境的关系复杂，还有地域、种族、社会、政治、经济诸多方面的影响因素相交叉，使疾病的发生、发展和健康的维系、保护变得复杂起来。医学或者医疗，作为自然科学、社会科学以及人文科学交汇的多元文化，技术进步与发展,显然也是多变的、复杂的,错误和挫折几乎是难免的。

也许,这是这部《荒诞医学史》给读者的另一个重要有益启迪,即应该避免荒诞。诚如毛主席所说:"错误和挫折教育了我们,使我们变得比较聪明起来,我们的事情就办得好一些。"也许,没有过去的血肉横飞、累累白骨,就没有今天的医术精湛、妙手回春。我们依然会对医学史中,哪怕是荒诞的事和人心存敬畏。

希波克拉底所言"药治不好的,要用铁;铁治不好的,要用火"并没有错:那铁,就是外科;那火,就是能量。砒霜有毒,可以致命;砒霜亦可巧用,治疗白血病。鸦片曾经引起捍卫国家安全、民族尊严的战争,但依然是可在医生指导下使用的有用之药。至于麻醉、手术、物理治疗、镭与放射、精神、饮食的医疗作用,那些曾经导演出的悲喜剧,今天看来已不是荒诞无稽,而是鲜明的里程碑、不朽的纪念塔。

最近,和一位基因编辑专家聊天。甫毕,我陡然感到,正与邪、对与错,只是一念之差,只差一步之遥!

我们不能忘记过去。没有过去,就没有现在;没有现在,就没有将来。

也让我们牢记书中最后的话吧:

荒诞结束了吗?

No,更荒诞的做法还没有出现呢!

我甚至斗胆地说:

Yes,更荒诞的做法一定会出现的!

基因——生命密码

现今,科学发展,生命科学界以外的公众都知道"基因"这个词了。

我要讲的不是基因学,也不是基因的故事,而是我看的两本书。

这两本书都是1981年12月科学出版社出版的。一本名为《自私的基因》,美国作家道金斯(R. Dawkins)著;一本名为《人的复制》,英国作家罗维克(D. M. Rorvik)著。这都是30多年前出版的书了。可以说我现在掌握的关于基因的知识应该比当时多得多了,可是我依然记得这两本书曾经带给我的震撼,所以现在重新把它们找出来读,并有了这篇短文。

星球上具有理解力的生命从其领悟自身存在的道理起,这一生命才算成熟。从30亿年前地球存在的生命机体至达尔文,才算弄懂了一些生命存在和进化的道理。我以为达尔文学说也不全准确。《自私的基因》以此为契机,试图阐明种群选择、群体选择,甚至个体选择,或许都与达尔文进化论相悖。

书中展开的议论非常生动有趣。作者还力图

论证，成功基因的一个突出特征是其无情的自私性，以致表现个体行为的自私性，让我们在人类社会中被极度讨厌。故而，从基因学、细胞生物学、遗传学、畸形学、肿瘤发生学等基因阐述，个体行为的自私性与我们倡导的慷慨大度、利他主义教育之间的缝隙，如何弥平而不屈从，倒真不是生物学家或者医生所能解决的，因为人类已经是从靠"自然选择"道路上偏离出来的"物种"了。

让我们再看看那本更有意思的《人的复制》吧。一个百万富翁想以无性生殖的方法，获得一个与他一模一样的"复制品"作为其后嗣。几经周折，他终于实现了这一愿望，所谓用体细胞完成无性生殖现今已经完全可以完成，已不是科学幻想。就科幻而言，《西游记》里的孙大圣早就可以拔一缕毫毛吹出一群小猴来。但是，须知作者1978年1月才写成此书，这可比第一个试管婴儿的出生（1978年7月25日）还早半年！其中的生殖描述可以说天衣无缝，宛如真的实验过程。当时有的科学家就说，"在哺乳类或人类中完成这项工作绝不会有什么特殊困难。但是当它第一次完成时，应被誉为绝技。它把人类推到了一场进化大骚乱的边缘"。

"幻想"抑或"预言"都实现了，却没有担心的那么严重。因为我们毕竟进入了科学与文化昌盛的21世纪。

可是，问题远没有结束。

在这个人工智能（AI）时代，也有了人工智能医学，让我们也科幻一下吧：如果有一天，病人进入医院，验过指纹，经"无人分诊台"，像是通过"海关"。接着自动传送带将其送入手术间，由两个真正机器人施行手术。之后在流水线上完成各种实验室检查，由超级电脑进行处理。整个过程见不到一个医生或护士，哪怕到咽下最后一口气，驾鹤西去。

这是多么现代化、自动化、冰冷的医疗过程！医疗没有温度，只有冷冰，医院不过是工厂和作坊。

如果有一天，我们可以像制作面包那样，将面粉、水、酵母混合起来，摆弄几下，放入烤箱或面包机中，等待成品，完成"制造人"。无须生殖细胞，也无须体细胞、受精过程，更别提爱情和家庭。"人"就得以复制了，从而挑战上帝、挑战达尔文、挑战技术、挑战一切！这又是怎样可喜、可悲、可怕的情景啊！

我们当然不鄙薄人工智能，但人的生命不是物，也不全属生物学范畴。人不全在算法之内，也总在数字够不到的地方呐喊。

从开头那两本书，到现在的这两段设想，会让我们做何思考？

临床医疗面临两难

科学技术的发展促进了医学的进步,诊断治疗的方法和手段不断提高,甚至连大众都对各种医学新名词耳熟能详。

于是,无论是医者抑或患者都陷入了新技术的狂热之中,这其中的两个突出特点是:

其一,过分地相信检查、化验,过分地依赖技术、仪器。

其二,过度的诊断、过度的治疗。

其实,在一个拥有14亿人口,经济、文化、医疗卫生发展不平衡的国度,医疗人力、医疗资源的缺乏仍然是主要的问题,缺医少药并没有完全解决。这已经是一大难题了,而过分地依赖仪器设备,或执迷于新技术、新药物以及不合理的过度的诊治,既浪费医疗资源,又构成或增加了医疗之难。

两难相加,难上加难!

首先,是观念上的偏颇,即认为新方法、新药物一定是最有效的、最好的。实际上,临床经验告诉我们,新与好并不构成等式关系。况且,还有"新"(技术、方法、检验、仪器)的理解,甚至滥用,或者商业利益带来的扭曲;还有对"新"的掌握,以及潜在问题的认识。因此,盲目地追求"新"或"高大上"乃是一种误区。

其次,是临床诊治规范化和个体化的实施不力,临床诊断和治疗是有规矩的,这就是共识指南或规范，是大家都必须遵守的。

规范的制定除了遵循疾病过程及诊治流程之外，也要兼顾医疗实施者的状况和医疗资源的条件，达到合理、合规、合法。因此，过度诊治肯定是背离规范的，过犹不及，或更甚于不及。当然，我们在推行规范化时，也同样强调个体化，即从病人的具体病情、具体条件，实施个体化处理。但个体化不是自由化，而是在规范化的基础或前提下，做因人而异的处理。

此外，人性化、微创化也都是临床的基本原则，都是避免过度诊断、过度治疗的盾牌，也是保护机体和精神、减少和避免伤害的根本。

再次，我们必须强调"技术异化"是偏离哲学观念的医疗实践弊端。所谓"技术异化"就是"唯技术论""技术至上"以及"技术经济化"。"医学技术"成了医疗的代名词，是医学追求的"浮躁化"和"商业化"的结果。

诚如前述，这其中还包括非医疗因素驱动造成的技术扭曲。

技术是必要的，数字是宝贵的，但医疗实践完全依赖数字和仪器检查报告，而忽视疾病历史和现状、临床观察与经验，大概是不可以的。所谓"离床医疗"是一种危险倾向！

"见病不见人"是为医之大忌。如果仅仅让化验报告单传达信息、仪器设备示波闪烁，医生的心智会"板结"和"沙漠化"。病人的意念会"孤独"和"迷茫"，因为双方都可能会搞不清楚"谁是我的医生？""谁是我的病人？"。

这是多么令人担忧的、可怕的情景啊！

所以，林巧稚大夫早就告诫我们：临床医生要临床，不要离床。离床医生不是好医生！

最后，我要叙述一个令人诧异而深思的故事，也是一个事实：《英国医学杂志》曾列举了六十余种"病"，认为没有必要采取什么方法去治疗，没有确凿的证据说明用什么方法有效，也许不治疗比用什么方法去治疗更好，也许最好的方法是不治疗。

这不是消极、保守的态度，而是一种冷静的、科学的、理性的举措，我们不仅要看动机和过程，更要看感受和结果。

对有些"病"，还可能越治越坏！

典型的例子是1949年的诺贝尔生理学或医学奖获得者华尔特·赫斯（Walter Rudolf Hess）、安东尼·莫尼斯提出的前额叶脑白质切除术治疗躁狂性神经病。1942—1952年，美国万余名接受手术的患者术后出现严重并发症，这一治疗术式亦被取消。

在妇产科，20世纪四五十年代，孕期的己烯雌酚暴露（EE）引起所生女婴之阴道腺病及后来之阴道透明细胞癌，用"反应停"（沙利度胺）致婴儿短肢畸形（海豹胎儿），都是医学史上的著名案例，当应铭记教训。

我们错治了一些病，包括一些真正的疾病，也会有所称的"疾病"被治疗——有人甚至调侃道：很多很多聪明的医生，治愈了很多很多没有病的人。

由于机器变得越像人，人也会变得越来越像机器了

机器人操纵一切，谁来操纵机器人

内分泌学是妇产科学的内科学基础

这里要记述的是北京协和医院妇产科前辈中，除林巧稚、宋鸿钊大夫之外，第三位大师葛秦生教授，我们习惯称她为葛大夫，今年102岁了。

作为中国妇科生殖内分泌学的开拓者，葛大夫及其著作是我们要永远记住和学习的。

我常说：产科学是妇产科学的基础，生殖内分泌学是妇产科学的内科学基础。所以，无论你从事妇产科学的任何亚专业，都必须学好妇产科学与生殖内分泌学，打好基础，才能做好、发展好自己的专业。

2008年，葛大夫主编了《实用女性生殖内分泌学》。2018年，田秦杰教授主持完成了再版。

此书第一版，即为我们拉开了女性生殖内分泌学的"帷幕"，洞开了"风景"：从垂体—卵巢轴与其他内分泌腺及至靶器官组织，是身体的另一个网络和江河湖海。激素像火种、火源，在各处燃烧生热，它们产生、奔流、燎原与熄灭……

这情景，很动人、很迷人；这潜流，很激荡、很神秘！

我对内分泌学和内分泌学家充满敬畏。除了症状、体征复杂多变，实验室检查尤其令人兴致盎然。那甾体乌龟壳，那繁杂的生化，都颇为深奥迷离，自觉每天操刀施术，像个粗人，少了学问。

葛秦生

生殖内分泌学有深奥的理论，有繁复的实验；又有多趣的联络，惊奇的结果。女性生殖道畸形从发生学到临床诊治，都是神秘的、复杂的，可《实用女性生殖内分泌学》一书中展示的葛大夫的"染色体—性腺—生殖器官组织"的发生发育"链条"，将女性生殖道正常发育与异常发育，器官结构分化与内分泌基础作用，联系得周密合理，便于理解、便于诊断、便于处理，这正是无论写教科书、参考书或者科普书都应追求的目标。

从2008年到2018年，十年过去了，女性生殖内分泌学作为重要的亚学科和专业得到了长足的发展。从遗传学、分子生物学到临床实践，从常见的不正常子宫出血到各种人工助孕技术，从围绝经期相关问题的管理到妇科肿瘤发生和治疗的内分泌考虑……都出现了新概念、新理论、新技术，这些都在新版中得到重视和体现；并且坚持了该书的宗旨：理论联系实际，注重临床实用。

从2008年到2018年，十年过去了，新人辈出。老一辈遗传学家、妇科及内分泌学家为学科、为该书打下了坚实的基础，后来者接踵而上，传承发展，赋予它以现代性、先进性。

这就是传承的力量！

如果没有无数的艺术家演奏巴赫、莫扎特的乐曲，那么两位大师的辉煌业绩就真的消失了。如果没有无数默默无闻的医生执行巴斯德、科赫的学说，那么两位先哲的贡献也就付之东流了。

所以，当我酝酿写这篇读书札记时，除了对书中的知识与技术的领会以外，也许更为重要的是为这种传承而慰藉。

因此可以说，虽然这是一本书，却是北京协和医院妇产科老中青三代人前赴后继、努力耕耘的劳动结晶，是"战役总结"，是"战略集结"，表达了这个群体的信心和力量。

诚然，这本书也是献给百岁老人葛秦生教授的祈福红烛。

《孙子兵法》与外科手术

小时候，读《孙子兵法》，看着玩的，懵懵懂懂。长大了，也读，有点兴趣，觉出点道理，其实不甚了了。近年又读，感受大有不同。

想写一篇名为《〈孙子兵法〉与外科手术》的文章的念头，始于前年在美国奥兰多的一次国际学术会议。一位美国学者讲妇科肿瘤的治疗，专门作为"战争艺术"引证了《孙子兵法》制胜策略的"何战何避，部署兵力，一心一意，准备不测，将领有力"几个战法。讲得不错。全世界人民都来学《孙子兵法》也令人高兴，但心里还有一点别的滋味——这个内容，我们来讲不是更合适嘛！

于是，回来后，陆续买了几本不同版本的《孙子兵法》。一次在大英博物馆的书店里竟然发现四种不同版本的英文《孙子兵法》，全部拿下。

《孙子兵法》是最古老、最杰出的兵法，为古今中外的兵家秘籍，将帅必读之书。《孙子兵法》富含策略、计谋，内敛政治、哲学。此书为春秋时孙武所著，后世修（定书于唐）。早于1772年有了法文版，1910年有英文版，它不仅是绝对的军事战略大成，也深刻地影响了商业、法律、体育及医学等专业；不仅是中国的，也是世界的宝贵财富，被誉为"战争艺术"（The Art of War）。其实又何止于战争！

《孙子兵法》共13篇，仅万余言。我以为与外科联系最密切的是战术，是战略，是艺术，是哲学，是人学。故外科手术可以用《孙子兵法》来成功指导，臻善完成。

权且把《孙子兵法》与外科手术紧密对照学习列为八款，形成战略战术、战局战法两大部分。第一款，孙子战略——"五事"；第二款，孙子战术——"七计"；第三款，知己知彼——百战不殆；第四款，审势利害——有备无患；第五款，团队精神——约束申令；第六款，孙子知胜——"五道"；第七款，兵败六遭——为将箴言；第八款，修道保法——道素为民。

《孙子兵法》开宗明义（《始计第一》）即亮出孙子战略"一曰道，二曰天，三曰地，四曰将，五曰法"。这"五事"完全可以认为是医事大观，我们可以诠释和理解为：道——医学命题，规范指南；天——疾病规律，时机时制；地——病人病情，所悲所愿；将——主管主刀，主导立军；法——技术路线，细枝末节。进而总结为：道——恩信民，天——顺天时，地——知地利，将——任贤能，法——行法治。

如果我们再往下读，孙子战术的"七计"就是我们外科手术的"手术诡道"——包括对主、将、天、地、兵、士、赏的具体要求和管理。孙子主张"经之以五事""校之以七计"，即十二诡道，强调把道放在第一位，分析主客观条件，强调将帅之主导作用。

我们也一如既往地强调，对于成功的外科手术，决策占75%，技巧占25%，当然这25%也很重要。

有些警示是我们所熟悉的，但重读《孙子兵法》，我们的理解会更全面、更深刻。如"知己知彼，百战不殆；不知彼而知己，一胜一负；

不知彼不知己，每战必败"（《谋攻第三》）。关于"责人"与"择人"之观点，颇为睿智。"故善战者，求之于势，不责于人，故能择人而任势"——"责"与"择"用得何等之好！选势、施术，不是着意责备于人，而强调选择于人。

此外，关于"兵败六遭""知胜五道"，即是掌握好手术适应证、非适应证和禁忌证，以及避免并发症的外科箴言。

阅读和学习了《孙子兵法》，反思和领悟我们的外科手术，形成以下五条小结，也是欲求难（结）解矣：

- 外科手术如同战事一样——紧要残酷。
- 外科手术如同用兵一样——战略战术。
- 外科手术如同疆场一样——令行禁止。
- 外科手术如同布阵一样——知己知彼。
- 外科手术如同运筹一样——道法天行。

医者亦如同——"兵者，国之大事，死生之地，存亡之道，不可不察也。"

外科手术与《孙子兵法》

知己知彼，百战不殆

外科医生的塑造

1984年，我作为访问学者在挪威首都奥斯陆"挪威镭锭医院"（肿瘤医院）学习与工作。弹指34年矣！

挪威，一个美丽、安静、富饶的斯堪的纳维亚国家。肿瘤医院几乎接纳了全国大多数的肿瘤病人，是个具有很高水准的肿瘤诊断治疗及研究中心。

我在这里倒是没有在国内那么忙，每天上午做一二台手术，再查一遍病房，就可以回办公室或实验室做事了，下午三点下班，之后就可以看一会儿书，在阳台上或在草地上轻松阅读，一切怡然自得。医院图书馆提供的书很丰富，有科普，有小说，直接送到病房来，病人及工作人员都可自取自还，还明确规定，小说类书籍看不完是可以带走的。

《如何成为一个外科医生》（*The Making of a Surgeon*）是一本令人很感兴趣的书，像是小说，又像是随笔，一个外科医生讲述自身的经历。正如封面所题：一个见习大夫披露无遗的血泪描述。其中的故事虽然不像后来看到的阿图小说那么惊悚骇然，但也细腻震撼。有的描述让有同样经历的外科医生难免尴尬，哭笑不得："可以开始上台做手术了，紧张得不得了。第一次做阑尾切除，总算把阑尾切下来，抖抖瑟瑟地做荷包缝合。可是最后打结的时候，竟然把一个手指的指套打进去了——好不容易缝的，必须拆开呀！想说可不可以把手套剪掉，指导老师用一把钳子打掉了我的剪刀……"

作者过后的体会是深刻的：我们得学会面对与接受偶然的失败，而不灰心与沮丧。还得有心理准备接受可能再次遭遇！但要尽量避免重蹈覆辙。

书中的人文思想是值得称道的，有的真可以作为"外科箴言"。如："我们考虑的不仅仅是疾病，更重要的是病人。""好的外科医生，相信他所看见的；差的外科医生，看见他所相信的。""外科大夫有特权进入人体，这使外科变得神秘、神奇。因此，外科大夫应该具有特别的神魂！""外科医生较之其他医生更有冒险性或挑战性！"

一个外科医生，和任何人一样，工作中遇到困难、不顺利，或者犯错误都是难免的。当然，人命关天，医生要尽量少犯错误或过失，力求不给病人造成伤害。

外科手术的目标就是：手术的好处和安全性要最大化，手术的伤害和风险性要最小化。作者诺伦·瓦（Nolen Wa）是挪威著名的外科大夫，他在书中对外科手术如何会犯错误、如何避免犯错误等描述详尽、分析到位，令人信服，耐人寻味。他告诫医生："我们都想把工作做好。但是当我们做了很多手术时，我们所遭遇的危险，就跟做得很少时一样多了"。（In my desire to do a good job, I had done too much, and too much surgery can be as dangerous as too little.）

前些日子，我的一个学生，已经是很不错的副教授了，很高兴地跟我说："郎老师，我自己做了9个宫颈癌根治术了，都挺好的，没有发生损伤和瘘。"我首先表扬和鼓励他的进步和成绩,接着加了一句:"也许你做的手术还不够多。"

这么说不是泼冷水,是警诫,是共勉。外科医生始终如临深渊、如履薄冰,做得越多,手术越复杂,遇到的风险越多。当然犯错误的机会也会增加。

彼时,我已是从业20年的妇外科大夫了,当然完全理解作者的感受。后来,我写了如下一段话算是与作者的共鸣:我觉得自己像个铁块,注定要经历千锤百炼,直到死去。命运把我丢进灼热的洪炉中,然后再提出来投入冰水中淬火,喷出热腾腾的蒸气,再在铁块上不断地锤击;然后又是重新冶炼,又是淬火,又是翻来覆去地锤打……虽然不死,却要历尽磨难。

这就是外科医生的塑造过程吧。

北欧的夏日午后,阳光和煦柔暖,静谧惬意。医院虽然离海边还有一段距离,但鸥鸟还是经常光顾,在周围盘桓。常有鸟儿飞落在我身旁,毫无顾忌地啜饮我的咖啡,然后仰起头啁啾,是向着同伴,还是向着我?

我杯子旁边的书,你可也认得?

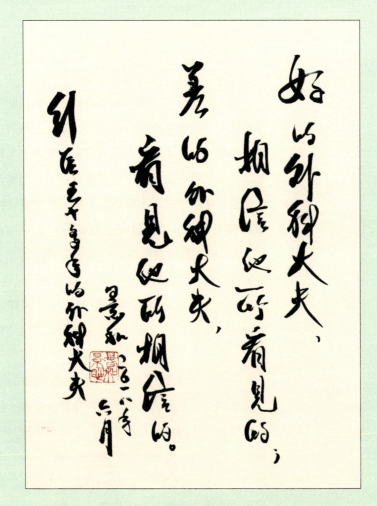

好的外科大夫

学习医学史

伟大的医学家、医学教育家威廉·奥斯勒早已有言:"医学实践的弊端在于,历史洞察的贫乏,科学与人文的断裂,技术进步与人道主义的疏离。"他将历史的洞察的重要性置于一个重要的地位!学习历史、不忘历史、借鉴历史是任何职场和工作者所不可忽视及或缺的。毛泽东曾说:"读历史是智慧的事……如果要看前途,一定要看历史。我们看历史,就会看到前途。"

当今,科技迅猛发展,医疗技术和医疗体制都在发生巨大的变革,什么是方向,亦应勿忘历史!

关于医学史的书其实很多,就我已知的以"医学的历史"命名的书就有好几部,还有《剑桥医学史》《西医的故事》等。丁福保(1874—1952)的《西洋医学史》(*Western Medicine*)于2007年再版,此书内容颇为有趣。丁先生是常州人,秀才,亦学医,佛门弟子,他的《佛学大辞典》更为著名。丁先生是开过医院的,可谓医界不可忘记的前辈。

近年,比较著名的医学历史书是意大利人阿

尔图曼·卡斯蒂廖尼所著《医学史》（分上、中、下三部，程之范、甄橙主译，译林出版社，2007年出版）。该书是传统型医学史作，融医学思想史、医学状况史和医学人物史为一体，内容丰富而精湛。

在读医史的过程中，我们会产生或必须意识到，医学史不仅是技术成就史，还是一部艺术和精神追求史，更是一部哲学史。我们常说，哲学始源于医学，医学归隐于哲学。这对当前医学的发展甚为重要。

《医学史》一书中反复引用"医圣"希波克拉底的名言和著作中的观点。在论医生的伟大著作中，以及一切医学文献中，所提出的最完善的医学品格是"同时又是哲学家的医生，犹如众神"。医学和哲学之间没有多少不同，因为医生也应当具有优秀哲学家的一切品质。

从古至今，从洋到中，医生应该受到世人的尊崇。早在荷马时代，医学就是一种高贵的艺术，善于打仗的英雄是医学能手、是能给人看病的普通医生。医学是随着人类痛苦的最初表达和减轻这种痛苦的最初愿望与实施而诞生的。《荷马史诗》曰："医生是比其他任何人都有价值的人。"——现今，我们似乎都有些忘却了，或者故意忽视了。

所以，医学史也不仅仅是事实、事件的历史，或者人物、医生的历史，更是观念的历史。

中医或者传统中国医学的历史，从来都是受到高度重视的，因为中医本身就在中国历史之中。从《黄帝内经》到各种验方，几乎都有历史故事。我们学习读懂古文或文言文，也是对中国古代史和国学的学习。

在很多西医史中，中医或中国医学也占据重要地位。在《医学史》一书中，就有关公刮骨疗伤的图解。更令人震撼的是，《外科的历史》（*A History of Surgery*）一书的封面就是关公刮骨疗伤——枣红色脸膛的关老爷，正襟危坐，专心弈棋；关公威武尊严，伸出一臂，名医华佗为其手术……后来，这幅画又成了《孙子兵法》英文版的封面。

纵观医学史，让我们胸中涌出不尽的激情，历史为我们提供思考当代医学的线索，除了预防和治疗之外，医学的最初抱负无非是为了坚持人的尊严。

近年来，写历史蔚然成风，也是难能可贵。和我们妇产科医生有密切关系的就有《妇产科学的历史》《子宫内膜异位症的历史》《避孕套的历史》等；相关的有《身体的历史》（上、中、下三部）、《乳房的历史》、《卡尔曼医学教育史》等。还有《美的历史》《丑的历史》《笑的历史》《脸的历史》《臀部的历史》《另类女人的历史》……与医学史有没有关系呢，有没有意义呢？至少可以说"很有趣"。

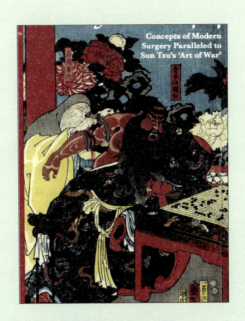

《外科的历史》中关公刮骨疗伤一图

医疗『陷阱』与规避

还是在 20 世纪 60 年代初，我刚到北京协和医院妇产科做住院医生，遇到了一个虽然不是太大但很麻烦、棘手的问题：一个做了子宫切除的病人术后总有少量阴道出血，经检查，像是比较常见的阴道残端的肉芽或息肉，红色的、细舌样组织，于是采用扭除和用硝酸银烧灼，常规情况是可以治愈的，可是这病人经三次手术处理后仍不见消除、好转。我请教林巧稚大夫。林大夫对此很敏感，十分睿智地沉吟道："怕是输卵管脱垂吧。"并推荐我去看一本书《妇科诊断与治疗的陷阱》（*Pitfall of Gynecologic Diagnosis and Treatment*）。

我在协和图书馆的地下室里找到了这本书，一本不起眼的小册子，却描述了妇科临床上常见的，特别是不常见的问题：误诊或者漏诊、手术的误区和规避，注重预防、注重诊断、注重处理。而且全书图文并茂，明确清晰。书中详细地阐述了林大夫所说的"输卵管脱垂"，我依法处理，病人速愈！

感谢林大夫！感谢这本书！

类似这种医学书籍凤毛麟角，曾有一本杂志叫《误诊误治》，不到两期就惹来了不少麻烦，只得停刊，无人再敢有这种念头。

其实，总结经验、接受教训与提高水准是密不可分的。萨克雷说："如果你从来没有做过傻事情，那么你大概不会成为智者。"（《鳏夫洛弗尔》）毛主席曾说过："错误和挫折教训了我们，使我们变得比较聪明起来。"学习、工作和生活的经验告诉我们，我们从错误和失败中获得的益处，要比从成功和胜利中得到的还多。

临床实践中会遭遇风险和陷阱，是由于医学具有两大特点：一是医学有很大的局限性，医学研究人类自身，而人类自身的未知数最多；二是医学的风险性，医疗是在活的人体上施行的，无论是诊断或者治疗。

医疗的局限在于认识的局限，认知总是相对的、存有片面的，甚至是错误的。科学或者科学家都不能说"我什么都知道"，医学或医生都不能说"我什么病都能治"。公众也应该如此了解、理解和谅解医学的窘境与无奈，医生的困惑与无力。期望过高与实际之间的落差可能是医患矛盾出现的重要原因之一。

现代科学技术极大地推动了我们的认知能力，提升了诊治水平，促进了医学发展，但是技术是要人来认识和掌握的。无论技术如何先进、如何完美、如何高超，如果对其理解有限、认识偏颇、掌握不当，依然不能体现其先进、完美和高超，甚至滑向反面。即使是现今流行的大数据、智能医学，也依然会有"数字盖不住的地方在呐喊"！

所谓"循证医学"也一样，循证是为制定决策提供证据，但其本身并不能代替决策，决策还要考量其他因素。一个医生虽然掌握了一些循证材料，如果没有临床经验，也还是不能很好地诊治疾病。况且，对于少见病、罕见病、特殊情况，丰富的经验亦然是宝贵和重要的，这时，医生的经验就是证据。诚如，我开始介绍的病例，林大夫有经验，她明确了诊断,还指出了应该查阅的文献,虽然是少见病,却依经验取得了良好的效果。

"艰难的医学"还在于医学的人文性,这是其他自然科学所不及的。人文性的一个重要观念是:其一,诊治疾病不仅考虑疾病本身,还有人的因素,他的思想、感情、意愿、要求及家庭与社会背景;其二,罹患疾病名称是一样,但表现却不相同,所谓"同一种病,一个人一个样"。

因此,医生的诊断治疗,一方面要考虑到疾病本身的生理学、病理学、诊断治疗学的规律与规范,另一方面考虑病人本身的人文元素,并以人文关怀对待之。这需包括医生所共有的哲学理念和思维方法。

所以,陷阱的规避和处理,除了丰富的经验、精湛的技术、高尚的医德和负责的精神以外,医生和公众或病人都应牢记"有时是治愈,常常是帮助,却总是慰藉"(特鲁多语)。患者该多么需要睿智的医学体恤者,该多么需要理解贫困的医学和乏术无力的医生。我们都有保存、保护生命和健康的期望与乐趣,但我们都需要理解、耐心和安静!

医生的本职、医生的责任

为了写这篇文章，又找出20世纪80年代出版的几本重要的医学科普书，复习一遍后，感慨良多！

恰值40年前，我们迎来了改革开放的新时代，迎来了科学的春天，迎来了科普的春天——科学家们顿时焕发出盎然的生机。

1980年2月第一版《家庭卫生顾问》（以下简称《顾问》）由北京出版社出版，至1983年5月第三版时，印数已达278万册。请留意：主编是林巧稚，副主编是高翼、张金哲、翁心植。19位编委都是各学科年富力强的医生，现今皆为医界名家。接着，于1981年又出版了薛沁冰、林巧稚、叶恭绍主编的《家庭育儿百科全书》，第一版就印了40万册，可见医生对医学科普著书立说的饱满热情，公众如饥似渴的需求。

就《顾问》而论，从"生儿育女"到"祝你健康"，防病看病、家庭用药、卫生常识、营养嗜好、急救处理、生活起居、锻炼护理……可以说应有尽有、有问有顾、须知应会，是一本兼具科学性、实用性和通俗性的科普佳作，所以受到

林巧稚大夫和郎景和大夫（1982年）

热烈的欢迎和广泛好评。

一定是有一种力量，让老医学家们带领众多的医生热情地投入到科学普及的工作中来，把它当作一种责任，当作医生职业不可或缺的一部分，或者可以说科普就是医生的一项本职工作。

这里有许多理由让我们必须如是做，其中一个重要的缘由是预防为主的医学思想：把防病治病的知识告诉给大众，预防疾病在先，治未病在前。林巧稚大夫有句名言："妊娠不是病，妊娠要防病。"如何防病，要让人们知道其中的道理，并与大夫配合。林大夫曾告诫我们：如果等孕妇发生了严重的问题再找我们，妇产科医生的职责已经丢掉了一大半！这是对我们的警示和鞭策！

当然，科普工作包括很多方面，有各种形式：门诊交流、术前谈话、术后随访，都是科普的好机会和必要步骤。此外，宣教、讲演、影视、书刊等也都是医生进行医学与健康普及的时机和空间，可以说科普大有用场、大有可为。

尽管业内还会有些成见或偏见，如认为"科普是不务正业""科普浪费时间"等，但当我们深刻理解医生的职业本质及医学的人文本源时，我们几乎无权，也没有理由鄙薄、排斥与忽略医学科普了。一位医学哲人说得好：如果你仅仅是个好医生，那你还不算是个好医生。

1965年，年逾花甲的林巧稚大夫参加中国医学科学院赴湖南医疗队，在湘阴县巡回医疗四个月。根据农村基层的实际情况，她编写了《农村妇幼卫生常识回答》——一位德高望重的专家亲手编写最通俗的科普读物，用心何其良苦！

其实，在编写《顾问》一书时，林大夫已在病中，但仍事无巨细主持编撰。1981年10月林大夫家乡的出版社——福建人民出版社来看望林老，并约请她给中、青年父母编写《实用育儿指南》。林大夫感动、激动、深情地说："这个事情我们要做，要尽心竭力地去做。"

她慨然允诺，并叮嘱我主持完成这一工作。我们没有辜负林老的嘱托和期望，于 1983 年 4 月她逝世前出版了。

林大夫教我们怎样做医生，林大夫教我们怎样做医学科普。

医生的读书和写作

其实,"每个人都有文学的一面"(雨果语)。

人们对文学的兴趣是天然的。中国的文字是有灵魂的,文学就是灵魂凝集的人学。而医学也是人学,所以医学与文学是相通的。

科学是猜想,文学是幻想,科学与文学都需要"想"。我们还可以说,哲学是梦想,医学是保证实现人自身的一切"想"往。

依此,文学应是医生的必备修养。英国学者培根说:阅读使人充实,会谈使人敏捷,写作与笔记使人精确,史鉴使人明智,诗歌使人巧慧,数学使人精细,博物使人深沉,伦理使人庄重,逻辑与修辞使人善辩。

从医做人,理应如此!

这几乎是一个医生的工作与生活、学习与训练、成长与成熟所不可或缺的,即文学可以弥补人生经历之不足,艺术可以激发人的想象、心境的和谐及美的熏陶。伦理和法律可以给我们划出各种关系、语言和行为的界定。

我们常说,医学是科学、人文和艺术的综合或结合。试想,哲学的理念、文学的情感、音乐的梦幻、诗歌的意境、字画的神韵一定会给医生疲惫及枯燥的生活带来清醒、灵性和愉悦,带来机智、巧慧和美妙。

首先,我们要阅读。我把自己定位于一个读者:不仅仅是医学的读者,还应该是文学的读者、哲学的读者,人性的读者、生活的读者……以此完善我们的人文修养,它包括文字的修养、文学的修养、哲学的修养、道德的修养、人性的修养、生活的修养……

我真诚且由衷地感觉到:读书让我们观察世界,读书让我们了解社会,读书让我们认识别人。在读书中,我们应该领会的、归根结底的是识世、辨认和做事的原则。

我们还应该成为一个写作者。书写是一种考量和锻炼,书写是查看自己的经历、学识和能力。我们要把书写看作庄严的自我感验的宣告——"我们把书写看作与知心朋友坦诚的话聊 / 我们把书写看作对上苍神圣的祈祷 / 我们把书写看作理容整冠,走向新旅程的号角"。

雨果说的"文学的一面"是要挖掘和调动的潜质。我的一位博士研究生毕业论文的"致谢",一反"常态",通篇用文言文,下面是对我办公室兼"书房"的描述:

> 乃有斗室,无匾无名。清风拂面,叩门不迎。来客有缘,铃铛自鸣,举手得书,翰墨晨星。可以友善士,识智者,会贤明。看剑著书弄丹青,诗词咖啡品香茗。是曰:方寸自有乾坤,笑看四时雨晴。

真妙语连珠,再现刘禹锡《陋室铭》之味。

我们应该成为一个写作者

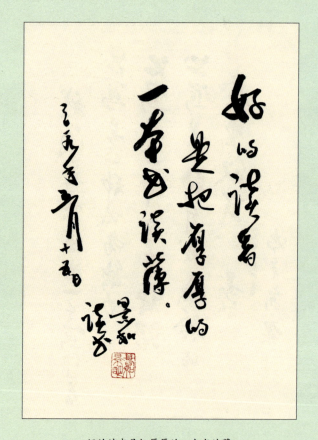

好的读者是把厚厚的一本书读薄

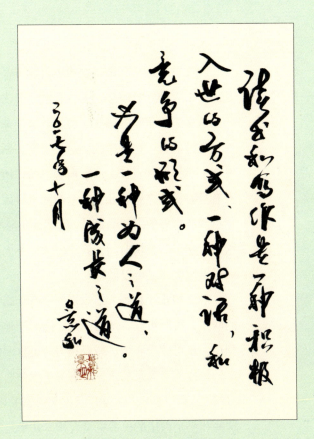

读书和写作是一种积极入世的方式

医生宜读些散文

我爱读些散文、杂文之类的文学作品,不仅是出于个人偏好,而是它更适合医生来读。

医生工作很忙,临床、科研、教学兼顾,几乎没有节假日,白天黑夜随时被召唤;紧跟学科发展,承担各种责任。所思所想、所虑所忧常令人有身心交瘁之感,几无闲余时间来读闲书。能读点专业之外的书的确不易,甚至是有些奢侈了。因此,拿出一整块时间去看小说大概不太可能,而看点散文却是可以做得到的。

散文短小、精练,篇章之间没有什么情节上的联系,可断可续、随情随天、随时随地,都可利用,还可放松心情、减轻压力。更重要的是散文词句优美、寓意隽永,多有关于生命、生活、自然、人际、思想、哲学以及人文的思考和议论,这些和一个医生的思考完全合拍,几乎是叙事医学的翻版和演绎。

我们所熟知的散文大师泰戈尔、纪伯伦、鲁迅、胡适,还有秦牧、何其芳、杨朔等,他们的论点、风格不同,时代、境况相异,但对生命和自然的思索、对社会和人间的剖析、对事物和未来的忖度,却巧妙地、天造地设般地殊途同归,令人拍案叫绝、击节赞赏!

那是哲学的同源、宗教的皈依。那也应该是医学的教科书。

近期,周国平、董桥等的散文亦风靡于世。他们的文章偶尔有些说教之味,但能够敞开心扉、坦承胸臆,至于立论立意、能量正负,让读者去领会、品评吧。这也让我想起冰心、林徽因等女作家的散文,委婉细腻,却不矫揉造作;联系现实,而不趋炎附势。

最近读钟立风的散文集《短歌集》(广西师范大学2014年11月出版)倒是颇有味道。书是作者2004—2014年的散文集辑,副标题是"关于爱、梦境和旅途"。作者是一名歌手,文字的确充满想象和流动的韵律。

他的年龄也许不是很大,但对人与生活的领悟倒也深刻。如"男人的好奇和欲望构成了一面镜子,在镜子里看见了自己的美和一些别的"。这会让我们联想很多,我们自己或者其他人,我们的美、丑和其他什么……又如这句:"林中之鸟、水里之鱼、书中之句、乐里之韵、美中之梦以及你的怀里之亲。"把那些"自然之美"和"怀里之亲"联系起来似可想象与生愉悦之感,但美中之梦则费解了,却也因此意永绵长、情深难测。

书中有的短章有问有答,有的则有问无答,需读者自己去琢磨,这看似读书之累,实有读书之趣。"是那个无比清澈的姑娘给予了你无尽的困惑,还是你无尽的困惑,使那个姑娘愈发显得清澈?"问得好!我们都不知道"无尽的困惑"与"清澈的姑娘"到底谁是谁否,谁先谁后;我们也不知道,是问是答。此时,基本是个哲学问题,或许是医学问题。

我读书,无论理工农、天地文,都喜欢,都会情不自禁地与我们医学相联系。这不是观念强迫,是必然。因为,医学是生命,医学是生活，医学是自然，医学是哲学。也正因为如此，我们会得到给予医学、给予医生的滋养元素：智慧、信念与力量。

大导演费里尼有一句话："把你自己投入人生的旅程，自始至终都不要失去开放的胸怀和意志的热情，然后，自然会心想事成。"

做医生，当然也应该如此。

《短歌集》一书中值得称道的还有插图别具一格。漫画式的图解幽默耐看，耐琢磨，与文字相映成趣，浑然一体。如"有一个叫作生命的圆圈。我曾经不止一次看见他在同一时刻出现在此圆圈不同的点上"。生命、时间，人生、回转，既是哲学，亦离不开医学。

我自己也喜欢写文章与画画。不怕拙，却随性。我的"听天、听地、听人"，可是天道自然、医在人文的最好注解。这也许不是晒长处，而是露缺陷了。

医生要读点美术书,看点艺术画

我写过《医学与美学》的小文,强调医学的美无所不在,包括医学的感性美、医学的科技美、医学的职业美、医学的语言美、医学的环境美、医学的理性美、医学的效果美、医学的行为美、医学的关系美等,都可以认为是医学的艺术。

这些美的构成或形成可能是复杂的,有诸多的影响因素,就医学的艺术美而言,会涉及医学绘图、书写、标本、模型、影像、多媒体、音乐、雕塑……而作为医生,如何自觉地学习、训练,成为富于美学和艺术的从医者,则应该是我们的一种目标。

科学家、艺术家与工程师最好不要分家,而且应该对世界有好奇心和观察力。医生应能以绘图表达自己的检查与发现,包括以绘图准确、明了地表示病变和手术状态,表达解剖概念和描述技术过程。协和一位麻醉师把外科手术的关键步骤以素描画的形式呈现给聋哑病人,病人明白、感动、感谢,令人称赞!

绘画也是逻辑思维与形象思维相结合、交互训练的过程,而这种结合正是医生必备的品格和

奈特博士

能力。

因此，一个医生应该有意识地读点美术书，看点艺术画。外科大夫当然离不开看手术，看手术和解剖图谱，还应该看绘画，以体察艺术意境，提高欣赏水平。

我们当然并不奢求画国画、画油画（除非你有天赋、兴趣和志愿），而主要是为了表达医学活动中的素描，所以，主要多看一些线条或素描画。一些艺术大师在这方面的作品也不少，如马蒂斯（法国尼斯有他的博物馆）的女人线条，精彩绝伦！中国的林风眠、常玉的人物线条颇具特色。我们不仅要观摩、领悟这些作品，也可尝试临摹、作画，很有裨益。

去买几本毕加索、凡·高、达利、达·芬奇、韩美林、尹沧海等艺术家的书与画册，或者有机会去看看他们的艺术展，都是最好的美的享受、美的熏陶、美的训练。这种受益不是功利的、暂时的，而是深刻的、终身性的。

在这里，我必须推荐伟大的医学绘画艺术家奈特博士（Dr. F. H. Netter）。我们很容易找到他的书、他的画、他的极富特色的签名。

奈特博士1906年生于美国纽约市。他本来学的是绘画艺术，后来又学了医学，获医学博士学位。他学素描，作插图，成为一位业余画家，进而成为一位专业医学绘画艺术家。他出版了13卷《奈特医学图集》，2000多幅图作。《奈特人体解剖彩色图谱》1989年首次出版，已被译为11种语言，包括中文。奈特的作品受到了人们的青睐，不仅由于其超常的美学水平，更重要的是其丰富的知识内涵。奈特博士的绘画设计，对艺术的理解构想，对医学的观察处理，以及对事业的追求，都淋漓尽致地表达在他的卓越丹青之中，是艺术和科学完美结合的顶峰。

作为医者，作为绘画学习者，作为还想通过绘画表达医学知识和医事活动者,我们不能忘记奈特博士1949年就告诫人们的话:阐明主体是绘画的根本目的和最高标准;作为医学艺术作品,不管绘制得多么美好,多么有技巧,如果不能阐明其医学观点,就将失去价值。

医生与作家——读几本医生作家的文学著作

医生是最能体察人性的，具有作家的天然必备品格；作家表达了医生悲天悯人、善待万物的情怀。所以，作为都是人学和仁学的医学与文学，医生和作家有着天然的亲缘。

不乏知名的作家医生和医生作家。有的医生弃医而去，成了专职作家；有的医生从医而终，兼备医文两家。

中国最有名的作家鲁迅和郭沫若都曾学过医。鲁迅1904年在日本仙台医学院肄业，是因为不满日本人对中国学生的侮辱以及中国人的麻木，愤然弃医从文，为改变国民精神而努力。我们已经在鲁迅的作品中看不到医生的影子，只是对"解剖别人，也解剖自己"的"解剖精神"印象深刻，且也体会到鲁迅思想的深刻。郭沫若1914年就读于日本九州帝国医科大学并毕业，1921年发表了惊世之作《女神》而转了行。当然，他的听力有障也可能是个原因。此后，郭沫若在文学、诗歌、历史、考古等诸多领域均有涉猎，并取得成就，却没有看到医学的痕迹。

俄国文学巨匠契诃夫自莫斯科大学医学系毕

业后，一辈子都在做医生。虽然他的著作成就斐然，但他却强调"医生是我的职业，写作只是我的业余爱好"。——这一"爱好"令我们惊叹不已，这一"爱好"令作家们自愧弗如！我们的确可以从契诃夫的著作中看到医生作家的色彩，如《外科手术》《伤寒》《第六病房》《万尼亚舅舅》……

日本的著名医生作家是渡边淳一，他的作品极为优秀而丰富。我个人觉得可得诺贝尔文学奖。他做了一辈子医生，还写了一辈子的医学科普。他的巨著《失乐园》为中国读者所熟知。他的科普名著为《放弃尚早》。

中国当代的医生作家有毕淑敏，她在西藏阿里做了11年内科大夫，当了作家又读了心理学博士。她的作品散发着浓重的医药之味，如《红处方》《拯救乳房》。冯唐和讴歌都是我们北京协和医学院的高才生，笔名为公众熟知，真名公众都不知道。冯唐的《万物生长》显然是以医学院的学生生活为背景；而讴歌的《协和医事》是比较全面的协和历史记事。他们的作品都是对母校和医学的一种贡献。

中国著名的学医出身的作家还有池莉和余华，很多人并不知道他们曾是医生，诚如"英雄不问出处"，不做医生又如何！

也被称之为作家的我，自然不能与这些真正的医生作家相比，只能彰显自己的医术。做医生久了，会愈加感觉医生力量的渺小，我们一例一例地诊治病人，或者可以使之痊愈或者改善，或者无能为力。我们做手术，也会回天乏术，但我们仍然乐此不疲、执着追求，完成尊重生命的救赎。有时也会想鲁迅、郭沫若，当然还有医生出身的革命先行者孙中山先生，他们更有远见卓识与深邃智慧。或者像契诃夫、渡边淳一将医学与文学兼顾，不是更好嘛！

作家，你们把感动与崇拜积累，你们是上天或外星球派来专门收获我们眼泪和鼓动共鸣的智者。

医生，你们把仁爱与慈悲奉献，你们是佛与神派来专门慰藉我们心灵和擦拭我们眼泪的善人。

那么，既是医生，也是作家，又如何？

医学与文学的美好交融

在我国经典的医药名著和文学名著中,我们可以看到两者的美好交融。《黄帝内经》《汤头歌诀》《药性赋》等都充满文字之美、文学之功和文化之妙:《黄帝内经》中,女子以七为度量,引发出"二七而天癸至,任脉通,太冲脉盛,月事以时下,故有子。……七七任脉虚,太冲脉衰少,天癸竭,地道不通,故形坏而无子也"。从初潮到绝经的生理过程被描述得精彩绝伦!在张仲景的"麻黄汤"里讲的都是中药,但把伤寒无汗的症结和施治讲得头头是道、朗朗上口:"麻黄汤中用桂枝,杏仁甘草四般施,发热恶寒头项痛,无汗而喘服之宜。"

我在大学二年级念的中医"经络歌",如"肚腹三里留,腰背委中求,头项寻列缺,面口合谷收";"汤头歌",如"菊花能明目而清头风……栀子凉心肾,鼻衄最宜"。60年过去了,我都不会忘记,就像儿时背诵的子曰诗云一般。

而在经典的文学名著中,如《红楼梦》《福尔摩斯探案集》都散发着医药之仁、医药之善、医药之味。在《红楼梦》"胡庸医乱用虎狼药"(第

51回）中叙述晴雯感冒，请胡姓大夫医治。宝玉看那方，上面有紫苏、桔梗、防风、荆芥等药——倒也靠谱；竟又有枳实、麻黄——岂非重药！而在第60回对制剂的描述可谓美俏至极：茉莉粉替去蔷薇硝，玫瑰露引来茯苓霜。

可见，医学有了文学的风韵，意味无穷；文学有了医学的内涵，深情温润。无论是医生，还是作家；无论是医学著作，还是文学作品，为什么不可以将两者美妙地融合起来呢？！

就连我们最常见的"月经"，可以有粗俗的叫法，也可以有雅致的表达，从例假、有血、倒霉、大姨妈……到月事、天癸、不适、有疾、红铅……也许并无雅俗之别，只是习惯使然。

最难处理的是"色情文学"，现称"情色文学"，是以性活动为中心内容的文学作品或者推而广之的性文艺：电影、电视、诗歌、小说、美术、杂志……或者成为挑逗、刺激、海淫海盗；或者是严肃、负责、正襟危坐的科学文艺或科普宣传。有时难以掌控，涉及文化、教育、风俗、道德、社会、法律以及对医、性、文的认同感和价值观，是对文学和医学的双重挑战！应该可以做到"清者自清，浊者自浊"，"雅俗共赏，乐而不淫"，诚如《金瓶梅》《十日谈》……看看方及的《性爱之道》（北京出版社，1992年12月出版）的篇头题记吧："性，生之桥；性，爱之链。""爱是人们所歌颂的，被认为是永恒的主题；性是人们所不敢歌颂的，尽管它也是永恒的主题。况且，性与爱有那么密切的关系。""昨天，青梅竹马，两小无猜；今天，泾渭分明，羞怯相向。"（讲性发育）"贞操不是解剖学，而是伦理学的一种概念"（讲处女膜）"性爱是给予、接受和分享。"（讲性爱与技巧）……

是科学，是文学；是色情，是情色。

都会不言自明。

医学与美学——读一点美学的书

读了几本美学的书，才知道美学的定义是这样的：美学（Aesthetic）是研究人与世界审美关系的一门学科，关乎美与审美，是人的体验，是人的文化活动。

1750年，德国的著名哲学家鲍姆加通（A. G. Baumgarten）首次提出美学问题。圣·奥古斯丁早已有言，美是上帝无上的荣耀与光辉。当我们学习美学历史的时候，惊诧地发现，美学的历史，其实就是哲学的历史，其中闪烁着伟大哲学家的名字，如柏拉图、车尔尼雪夫斯基……中国的美学大师当属朱光潜（1897—1986）。他说："美不在心，不在物，在于心物联系中，是意象的存在。"

这"意象"二字让我思忖良久。意象就是主体、客体的联系，构成了美和审美的基础与本质。美是客体的存在，审美是我们的感觉和感情。

不同的历史、时期、地域，会有不同的审美与认同、不同的审美与考量，诚如环肥燕瘦。我们要学习和领会的是美学中有医学，医学中有美学。医、美同源矣，美对婚嫁、对生育的影响，从解剖到艺术，从解剖到医学，从医学到艺术，以至形成健康与美学——健美。

医学中美学的考虑，即我们考虑的医学美学（Medical Aesthetic）。宇宙中，包括人体，存在着一种潜在的、超龄的秩序，这种秩序是由各种永恒存在的"形成"组合的，而我们则从中提取美与真等绝对价值。这便是医学和美学的真谛。或许我们之前较少考虑美学在医学中的地位。

医学美学的目标是研究医学领域美与审美的规律，达到健与美的和谐统一，达到人与自然、人与社会、人与人的交流融合、和谐统一。这是医学和美学的崇高审美目标，甚至也是医学的终极目的！

美学的理论和实践可以广泛地应用于临床医学、预防医学和康复医学，不仅仅在于美容医学，甚至可分得更细些，分为医学科技美、医学艺术美、医学环境美、医学职业美等。它们都在美学理论指导下，研究医学领域中美及其审美规律，旨在从宏观或微观角度着眼于人性的审视和维护生命活力之美，达到健美的目标。

读了这些书，我最大的感触还是，作为真、善、美集中表达的医学或医生，必须有审美意识和能力，具有美学观念和品格，应该经历美育训练和修养，并践行于医疗活动中。

医生应该有美的修养，包括举止、言语、仪表、技艺和情操，应该形成美的思想、品格、知识、交际和能力。通过自我学习、自我教育、自我改造，形成职业性、实践性、自觉性和长期性。

医生在日常的医疗活动中，从诊断、治疗的全过程到持续追随病人，从第一次接待、看病人伊始，都要体现关爱、体现负责，也体现审美。我们必须有对美和道德的真诚眷顾和鲜明辨别力。

在关于美学的训练和实践中，医生的绘画训练是值得强调的。医生会画画，这应该是基本功，却在医学教育及医学继续教育中被忽略，至今医生绘画乃是兴趣使然。其实,用图画表达诊断、处理及手术,无论是对医疗文件、学术交流,或者医患交流沟通,都是非常好的方式方法。我们学习、应用的解剖学,就是医学与艺术的连接线,外科医生实际上是在活的机体上完成艺术作品。我有一门课,课名叫绘图"四步曲"——想、看、摹、画。2018年8月出版的《一个医生的蛇画》一书,虽为涂鸦之作,却试图表达一种意象、一种思想,不算美术作品,只是美学训练。对于美学,我实在不敢奢谈,主要出自个人兴趣和职业的发展。对于美学,处尝一脔而未知其味阶段,谈时也只能和我们的医学相连,或者我们必定会与之邂逅。

我相信,生命的最初频率是真、善、美,我们应该保护这个频率,并与之合拍。身体的美学、诗意和科学、技术,让我们同样用一生的诊断、治疗以及书写、绘画来完成,体味对医学、美学的敬意和喜悦,也是与自己相处的最真实的感验和仪式。

医生对他所置身的世界和面对的人,除了冷静的关注和审视之外,还应该有热切的诗兴和美的情趣与凝望。

明亮的繁星

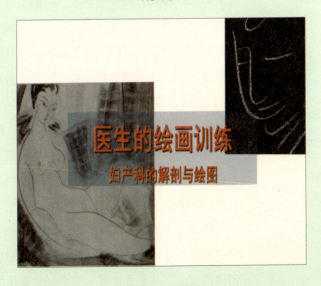

医生的绘画训练

医学与宗教

这是一个古老而深刻的命题，一个艰涩而敏感的问题：在医学书中会提到宗教，在宗教书里会涉及医学，但将两者结合进行深入讨论的很少。

其实，这一命题必将追溯到对生命本源和对人的终极关怀的认知与观念。科学、哲学、宗教和医学都形成了各自的"成见"，有相同、交叉，又有差异、背离：科学昌盛发达，但也并不完全知道生命是什么；哲学试图诠释必然和偶然，又远不及科学丰富、壮丽；宗教把生命上升到灵魂性层级，但既看不到也摸不着，往往成为超越时空的永恒的神话；而医学是应该将三者结合起来的，医生应背负起这一沉重的"十字架"！

关于科学与哲学，我们已经谈了很多了，现在必须谈谈宗教。《人类的宗教》（四川人民出版社，2005年5月出版）一书值得一读。

所谓"终极关怀"（Ultimate Concern），不是"临终关怀"（Terminal Care），是指对生死、苦痛的观念、关心和态度。它们通常被认为是宗教的、神秘的、神化的，却也是科学的、哲学的、生物的、医学的。人本身就是大自然中的一物，大概终归要回归天地，抵抗这种力量终是徒然。

医学可能打破了生死的自然规律，或许误导人类抗拒必然的死亡。问题是要真心理解生命的意义，抑或死亡的意义。作为医生，我们的确在寻找消除病痛、延长生命的方法，但我们应该避免无意义的，甚至是善意的扰乱。有时，甚至常常得到的有效医疗，不过是医疗的暂时性胜利，值得垂死者荒废悲苦的余生吗？无论是科学理论、儒家思想或者宗教观念，"生生相息"是神学"生命延续"的维度，而不是"个体的万岁"。我们也许能死里逃生几次，但只能被生一次！

宗教的基础是人的信赖或信仰，所企冀、祈念和依靠的，其实不是什么别的什物，乃是自然。在科学不发达的时代，这种依靠是不自觉的、无意识的，上升到意识形态中，将其表象、思量、承认，则成为宗教。

这正是对病痛、伤害的面对，或者医学的认识或发展的过程，形成了宗教对医学发展长远的、深刻的震动，如影相随。

古代的医术，或称巫术，都有对自然、天地、神灵的崇拜，"医"有一异体字为"毉"，也是卜筮之意。但是中医由周易中衍生而来，是易道中的一个分支，阴阳、五行乃为绝妙的哲学辩证法，成为对宇宙自然、人体功能的认识论和方法论。这时，这里的神、佛、灵等，都不是神秘的，不是迷信的，而是对变化无穷、难以预测的规律的一种客观公允的认识和一种积极主观的追求。

这便是我们解释医学和宗教关系的基本点和开门钥匙。

所以，医生是应该看一点宗教的书，或者需懂得一点宗教的。

科学或宗教似乎是相悖的，但哲学却可以将两者调和起来。人不一定是宗教的，但一定是哲学的；而一旦是哲学的，就有了宗教的洪福（冯友兰语）。

因此，我们是可以把宗教书籍当成哲学书籍来读的：学习辩证地看事物和问题、原因与结果、必然与偶然、变化与发展；学习客观、公正、仁爱、慈悲地对待世人。我们甚至可以说，医学是可以把科学、哲学和宗教调整起来的综合事业。

哲学、科学、宗教与医学，都是一种识世观念和生命模式，是围绕人的终极关怀所编制的思维方法和生活方式，包括知的智慧、爱的情感、业的工作、修的苦练。中国有悠久的历史和传统文化，又有新世纪的先进主义和现代科技发展，或许有各种"帽子"、各色"袍子"、各形"鞋子"……但须牢记初心，砥砺前行。

作为医者，还是可以突出一个"爱"字。让我们来节录徐志摩的几句诗吧：他的一生是爱的象征！爱是他的宗教，爱是他的上帝。上帝，我望不见你——，上帝，我眼中有你——（他眼中有你）。

于是，我们可以说，将它们结合起来，可以让我们共品医学中智慧传统所广施的仁爱与喜悦！

宗教不是上帝设计的

再读阿图医生——兼谈医生的读与写

读了阿图医生的书，我们会惊叹他做了这么好的大夫，还有这么好的思想，又写了这么好的书！

这应该是好医生应该具备的。这应该是好医生应该做到的。

阿图医生是一个优秀的外科大夫，有很多深刻睿智的思想，曾是美国白宫的卫生健康顾问；有很深厚的文学功底，成了蜚声国际的医学作家。

我想，他所以成其功者，盖出于勤于读书、勤于写作。

一个科学技术工作者在成长过程中，都离不开文学、艺术、伦理与法律。文学可以弥补人生经历之不足，艺术可以激发人的想象、心境的和谐和美的熏陶，而伦理和法律可以给我们划出各种关系、语言和行为的界定。

作为一个医生，或者我们所从事的医学，是应把科学、人文与艺术结合在一起的，其修养是全方位的。哲学的理念、文学的情感、音乐的梦幻、诗歌的意境、字画的神韵，都一定会给医生疲惫及枯燥的生活带来清醒、灵性和愉悦，带来

阿图·葛文德

睿智、巧慧和美妙。

所以，我们要阅读。也许，我们已经阅读了很多，从小学到大学，从研究生到教授，读书几乎是医生一辈子的事。医生是一个必须终生学习的职业，包括通过阅读学习。这里讲的是，我们要把自己定位于一个读者，不仅仅是医学的读者，还应该是文学的读者、哲学的读者、人性的读者、生活的读者……

我曾经写过一首题为《我们在读书中认识别人，认识世物》的诗：在读书中观察世界，在读书中了解社会，在读书中认识各种人。读各种书，或者是"闲书""没有用的书"。在其中，我们领会的，归根结底是识世、辨人和做事的箴言。谁又能说，这些读书和从医做人没有关系、没有作用呢？

说到写作，医生们已经写了不少：要书写病历等各种医疗文件，要写论文报告，要准备讲稿课件，要写科普文稿、创作专著……因此，文字的书写，甚至文学也是医者的基本功。

我想，我们应该要求自己这样对待书写：书写是一种自备能力、一种自身对话、一种自我感验的仪式。

我也在另一首题为《我们在书写中，认识自己、反省自己》的诗中写道：书写是一种考量和锻炼，我们在书写中察看自己的经历、学识和能力，我们把书写看作庄严的自我感验的宣告。

像阿图·葛文德那样，除了医学和医术，还有诗和远方。

医食觅源与健康秘籍

《人类遗址中的基因发掘》一书，读其书名，令人颇费思忖。

这是一部别开生面、意蕴深厚，读之令人兴致盎然、拍案叫绝的书。

乍看封面，以为是讲考古学或者基因学的书；略翻几页，发现讲的是食物始源与医学的关联；再进一步阅读，才恍然大悟，这是一本带我们进行饮食考证、医学考证以及对医疗与健康进行深入广博探究的书。图穷匕见，乃是医疗之刀剑；水落石出，乃是宝石之光显。于是，啧啧称奇，竖指点赞。

我们不妨将其书解读为：人类饮食文化的渊源与医学元素的研究。

作者选择医食同源这一话题，虽为民众及医者所乐道，但多限于舌尖滋味、营养偏颇。所谓"饮食文化"，可能不独于此，而溯本求源，旁征博引，则更有雅兴，令人回味。作者连我们餐桌上常见的土豆、玉米、番薯都考究一番——"原来如此，我们总算吃得明白！"

我们常见的甘蓝与大头菜、番茄与西红柿是

一个"嫡族"抑或"表亲"吗？一个菜的食料，可以列出一页！食物祭品可以排出一栏……作者古今中外广泛涉猎，熔于一炉，充满珍闻、趣事，既是"密码"，也是常识。既有清新的人文景观，又有丰满的时代情怀。

有趣的是作者还讲烹饪方法，甚至耕作方式，将其与医疗健康结合起来。蔬菜水果之于草莽始初到现今的科技进步，展示了农业革命和医学翻新，落实在医药餐饮交汇的主题上。讲实用，接地气，看似深奥繁杂，却不虚妄空泛。

本书当然有医学科普性质，其认真细腻、据理陈情的态度难能可贵。浮躁虚夸、哗众取宠之风已是当下包括科普宣传都有的通病。医疗实践讲循证，公众教育亦应实事求是。作者是医学人文学者，其医学、人文之整合驾轻就熟，甚至天衣无缝。这使我想起自己在青年时代就喜欢的法国科普作家儒勒·凡尔纳，我国的科普大师高士其，还有那些科学大家优美深刻的科学散文，像数学家华罗庚的统筹法、优选法，茅以升的桥话，著名诗人徐迟的《哥德巴赫猜想》；还有美国白宫最年轻的健康政策顾问、外科医生阿图·葛文德，他所述的每一个病例、每一个故事，都像是惊悚小说，我们甚至不能确定它是文学抑或医学。

想到这里，我甚至也难以准确定位：这是一部什么书呢？是医史，是科普，是文学？也许都是；可谓医、史、哲、文融会贯通，中西合璧于一体。初读甫毕，感觉虽已尝一脔，但并未知其一镬之味，需要再反复研读，慢慢琢磨。

本书作者为益昉先生。他采用了散文随笔的写法，也有古典章回小说风格的运用，如篇章名，读来有悬念、惹遐想、点破题、得释然。全书读来既能引人入胜，又使人掩卷深思。

本书是作者在《文汇报》"笔会"陆续发表的文章集辑。这是一个"三轻松"的形式：作者可以每周写两篇短文，顺畅自由，减文债之压；编辑亦不必担心"断顿"，减轻组稿、约稿之苦；读者则看起来轻松，免去连篇累牍阅读之烦。全书内容有联系，又各自命题，亦无"且等下回分解"之念。

我的几本书也都是在报刊专栏发表后集结成册的。一个专职医生哪有整块时间正襟危坐写书呢！

医学不万能

近年的医学通讯、医学书刊等媒体在科普宣传上把医学发展描述得歌舞升平，山花烂漫：人可以活到 150 岁了，一滴血可以检测出 50 种癌症了，万能药什么都能治，机器人什么手术都能做，什么器官组织都可以移植、都可以替代，什么基因都可以改造，想生孩子就可以生孩子，想多大年龄生、生多少都可以了……

医学如此万能？！神龟虽寿，犹有竟时。精准得不能再精准了。

这不是真正的医学！哪怕归入科幻小说，其编撰都是有问题的。

伟大的医学家、医学教育家威廉·奥斯勒早已有言：医学是个不确定的科学和可能性的艺术。此话并未过时，至今仍熠熠闪光。

纵然，当今医学有了很大发展，特别是分子生物学、遗传学、基因组学、蛋白质组学，以及以计算机技术为代表的科学技术的发展对医学的影响和推进。医学和医疗也从经验医学进入实验医学，甚至改变了疾病的图景、诊治的观念以及医疗社会模式。

但是，越是在这个时候，我们越应该告诫我们医者本身以及受医的公众，切莫忘记医学的本源是什么、医学的本质如何、医学的发展方向在哪里。

医学的本源是人类善良情感的表达和对伤害的救护，从远古洪荒时代的互助到现今文明时代的职业责任。从希波克拉底的名言到医生就职时的宣誓，均以此为宗旨。临床医疗其实很琐碎，需要医护做的主要在于关心、细心、耐心；也有一些高新技术，包括利用各种高大上的仪器进行诊断和治疗，但与真正的手艺人比，甚至与杂技、魔术演员相比，都颇为逊色。所以，我一直不主张把医生视为匠人，不是小视匠人，而因非匠人是也！我们信守的格言是：也许我们做不了什么伟大的事情，但我们要用伟大的爱心做些小事情。

医学的本质或者医学的主要特点是它的局限性和风险性。医学的局限在于认知的缺陷，人体的未知数最多，我们可以把人送到月球，但我们对人类自己的认识却依然不够。我们的心脏从胚胎、胎儿时起跳，可以持续几十年、上百年，它的能量、它的节律调整，心脏学家并未回答清楚。我们可以制造何等高级的照相机，但与我们的眼睛仍然无可比拟……因此，妄图以其他东西代替我们的"肉身"，大概终归徒劳，因为我们并没认清"原版"之庐山真面目。"精准医学"的提出，似乎给每个人都注射了强心剂，"精准"作为一种目标无可厚非，但远没有形成定局。诚如没有绝对真理，真理都是相对的，认知是在发展中，而并非在"权威"中。美国当代著名哲学家罗蒂（R. Rorty, 1931—2007）说：所谓真理不过是我们关于什么是真的共识。我们关于什么是真的共识，不过是一种社会和历史大状态，而并非科学和客观准确性。

医学或者医疗的诊断与治疗更是如此。

医学向何处去？这问题从有了医学就开始提出，都没有像现在这样追问得迫切！

近年，医学有了很大的发展，太快、太急，太浮躁、太迷茫。根本的回答或前行的方向是回归医学本源、洞彻医疗真相，勿忘哲学理念和人文关怀。

从20年前的循证医学（已面临尴尬）到现今的精准医学、数字医学、智能医学，最终的根基应该是人文医学，否则这些医学将走向斜路（或邪路）；最终要回归于哲学，所谓哲学始源于医学，医学归隐于哲学，否则，这些医学将陷入迷茫（死胡同）。

医学是从巫术里走出来的，"医"字有一个从"巫"的异体字"毉"，古语云"医巫同源"。巫医是人类最早的职业。封建迷信、跳神做鬼已经没人信了，但洋迷信、洋偏方却在大行其道，很多医者或患者都笃信不疑、趋之若鹜。新的"巫医"卷土重来，产生的是"技术异化"和"新的技术官僚主义"。

跑步机上

鸭子和兔子

人的感知有时是不确切的。同样的事物，由于看问题的角度不同，其结果大相径庭。

——维特根斯坦（Ludwig Wittgenstein, 1889—1951）

鸭子与兔子

医学临床研究的典范

2010年,《滋养细胞肿瘤的诊断和治疗》(人民卫生出版社,2004年3月出版)更名为《宋鸿钊滋养细胞肿瘤学》(人民卫生出版社,2011年3月出版)。这里记下了宋鸿钊院士的光辉名字,以及他和后来者的丰功伟业!

通常讲的滋养细胞疾病或肿瘤,是指妊娠引起的滋养细胞异常生长,如众所周知的葡萄胎,以及各种妊娠(流产、早产、足月产,甚至宫外孕)之后的恶性病变,即绒毛膜癌(绒癌)。绒癌被称为"癌中之王",先前的死亡率高达90%,经过宋大夫及其团队的研究,竟有90%得以治愈,可以根治,可以保留子宫,可以生育下一代……这一研究得到世界医学界的认可,被誉为建国以来最重大的医疗成果。

不仅在妇科肿瘤,甚至在所有人类肿瘤中,第一个被攻克或根治的是滋养细胞肿瘤,所以有质疑之言:"绒癌治不好,治好的不是绒癌。"而事实却应验了另一句话:"这是上帝给人的第一个癌瘤,又是可以治好的第一个癌瘤。"滋养细胞肿瘤诊治的成功,砸断了扼杀人类生命锁链

宋鸿钊大夫

的重要一环。在这其中，宋鸿钊大夫贡献卓著，是国际最顶级的滋养细胞肿瘤专家和先驱。

宋大夫关于滋养细胞肿瘤诊治的研究给我们的重要启示之一是：重视临床观察和临床总结。宋大夫观察细微：病人不经意间拿不住筷子（脑转移之兆），各种妊娠及终止后的HCG（人绒毛膜促性腺激素）变化规律，化疗引起的白细胞及血小板消长曲线，5fu（5氟尿嘧啶）静脉灌注的滴数和时间，等等，让我至今领教受益的不仅是诊治技术本身，还有思维方法和科学精神。现今，科学技术有了飞速的发展，有力地推动了医疗诊治进步。但临床医生的实践和经验仍然是非常重要的，详细的病史询问，全面的物理学检查，认真的临床诊治观察，仍然是基本的、第一位的。"离床医生不是好医生！"正确认识和应用新的技术检查和实验结果，完善实验室与临床的转化，才能够真正提高临床与科研的水平和价值——正像宋大夫身体力行并谆谆教诲的那样。

这本书的出版也展示了对滋养细胞肿瘤的研究进步和人才培养及队伍建设的发展。无论从基础到临床，从北京协和医院妇产科到国内著名医院的专家，有各学科、各医院的良好合作，使这部巨著更全面、更深入，更有权威性。一批中青年学者应运而生，体现了宋大夫等人开创的事业后继有人、兴旺发达。因此，冠名著书又赋予了我们更神圣的责任——把学科发展好，把论著撰写好，把年轻人培养好。面对宋大夫及前辈，面对读者及后人，可以无悔，可以自豪。

每年3月，我们都会到西郊福田公墓凭吊宋大夫，寄托哀思、缅怀先贤、激励后辈。2010年，正值宋大夫逝世十周年，我们把新书送到宋老的墓碑前，无限感慨。江河东去，逝者如斯，事有后继，书有接续，我们该默然喜泣，不是唏嘘叹息……

重读希波克拉底誓言

2500年前,医圣希波克拉底的医生誓言,依然让我们感到庄严神圣!

从"仰赖医药神阿波罗、阿斯克勒庇俄斯、阿克索及天地诸神为证,我将尽我所能和判断力履行诺言,坚守此约"开始,到最后"遵循职业传统进行工作,尽可能帮助寻求帮助的病人,并对此倍感愉悦"。

在医院、在教堂、在大厅、在旷野……举起拳头、抚掌胸前、双手合十……从医的工作开始了,人生的征程起步了。几千年过去了,千万个医生过来了,都是人类生命的光芒、仁爱自豪的乐章。

曾几何时,有些人开始认为,在这个被行为规范和循证学指南所主导的时代,希氏誓言已不再重要。

诚然,现代科技的发展,有力地推动着医学的发展,也强烈地震动着医学的领地。这里有医学模式的改变,也有层出不穷的各种医学概念(或者只是名词)的出现,从循证医学到精准医学,无疑有其积极意义,却可能背离医学的哲学理念和人文本源。它可能模糊了疾病的图景、施治的方案，甚至诊治的目的。这种背离也是对希氏宣言的背离，对医学本源的背离。临床医生仅仅靠影像检查和报告数字做诊断处理是危险的。缺乏人文医学或人文关怀的各种"医学"都是无源之水、无本之木。因此，今天我们重读或者讨论与学习希氏誓言有其深刻的现实意义。

2500年的过往、社会时代的变迁、科技文化的进步、医学医生理念的摇动，确应有审慎的历史回顾和对未来前行的瞻望。

但是，希氏誓言的本质和意义是应该肯定的，包括对病人的关爱，尊重医生的道德和价值，医生的职业和修养，责任承诺与行为准则，等等。这里涉及医学本源与终极关怀，以及如何做医生、如何从医的理念，显然都没有改变，至今仍熠熠闪光，而且更加灿烂夺目！

"医圣"希波克拉底的医事言行就是对誓言的最好注释。记得大学学习拉丁语（为开处方）的第一句话就是希氏名言："首先，不要损伤！"他对医疗过程的发展早有预言："药治不好的，用铁；铁治不好的，用火。"铁，就是外科；火，就是各种能量。现今，都用上了。

我们都应明了循证材料、临床指南只是诊疗的依据，并不是诊疗的决策。我们有原则、法则，还有观念、哲学，更有人文理念，这便是希氏誓言的精髓。亦如，"我们不能保证治疗好每一个病人，但要保证好好治疗每一个病人"。

时空虽然发生转换，先哲们的思想却永在，具体或可调整。我国已逐步有了医生就职宣誓仪式，是神圣、庄严的感验，是宣言和界度。在希氏誓言的基础上做了一些变通，更适合国情国语。

2018年8月15日我国第一个医师节推出了"医生宣誓"："我志愿献身人类的健康事业，自觉维护医学的尊严和神圣。敬佑生命，救死扶伤，平等仁爱，尊师重道；诚实守信，恪守医德，精益求精，慎思笃行。以上誓言源于心，践于行。"

"源于心，践于行"，也许就是我们重新学习和讨论希氏誓言的目的所在。

药治不好的，用铁；铁治不好的，用火

达·芬奇不仅仅是伟大的艺术家……

达·芬奇(1452—1519)作为伟大的绘画大师,几乎无人不晓。《蒙娜丽莎的微笑》让我们着迷,你看着她,她就看着你;《最后的晚餐》让我们深思,谁是出卖者,他为什么要出卖耶稣?

也许,我们对达·芬奇的了解,仅限于此,可谓浅尝辄止。近年,有了一些关于达·芬奇的书,《达·芬奇密码》《达·芬奇传》《达·芬奇笔记》等,把公众引入了一个认识、探究达·芬奇的热潮。

我想,作为一个医生、一个科学工作者,或许应该知晓这位伟大艺术家的另一面,他还是一个伟大的科学家。这种知晓将是科学与艺术"对撞"与结合的理解,是对非凡创造力和想象力的思考,这正是一个医生或一个科学工作者所要具备的品质。

达·芬奇在工程学、机械学、医学、水力学等多个领域都有奇思妙想,且造诣深厚,创造了多项发明。他的7200页笔记,是科学记录,是超人密码,是智慧闪烁!

他是最早进行尸体解剖的艺术家或科学家,

他解剖过30余具不同性别、不同年龄的人体。当然，历史上认定医学解剖学鼻祖是维萨里（Andens Vesalius，1514—1564），比利时人，1543年出版了《人体之构造》，但从生卒年龄来看，他还是在达·芬奇之后。

文艺复兴后，人文及科学兴起。近代医学的发展，开始于对人体的研究，继而是对疾病的研究。对人体研究的两大基石：一是解剖，一是血液循环。英国医学家哈维（William Harvey，1578—1657）于1628年出版了《动物心血运动的解剖研究》，乃为人体血液循环的开山之作。应该说达·芬奇对医学的贡献功不可没，他绘制的肌肉、骨骼、面部解剖等不仅是美术基础教材，也是医学基础教材。他还精准地描述了呼吸、消化、泌尿生殖各系统的结构，更有趣的是还画出了子宫和胎儿。今天，我从一个妇产科医生的角度来看，妊娠子宫与胎儿描绘得精准到位，惟妙惟肖。我想，达·芬奇肯定没有做过剖宫产，也未必解剖过孕妇，不知芬奇老当时是如何想出来的。

认真地读过达·芬奇的书与画，懵懂地看过达·芬奇的"密码"，至少有两点领悟可陈。

第一，达·芬奇无疑是一位兼具艺术与科学的大师和通才，是真正的"跨界之王"！而医学与艺术更是密不可分，医学本身就是艺术。我曾说过："外科医生是活体人的雕塑家。"医生应有多种学科的爱好，多种知识的涉猎，形成一种兴趣，甚至可作为职业本能的必须具备条件。达·芬奇的书与画给予我们的是精神启示和行为引导。

第二，医生应该学点美学、学点艺术、学点绘画。像伟大的艺术家达·芬奇酷爱人体解剖一样，一个医生也要爱好一点绘画艺术吧！观看、琢磨他的画，临摹、训练自己画，也从解剖和手术图解开始。这可作为艺术熏陶，更可成为技术本领。

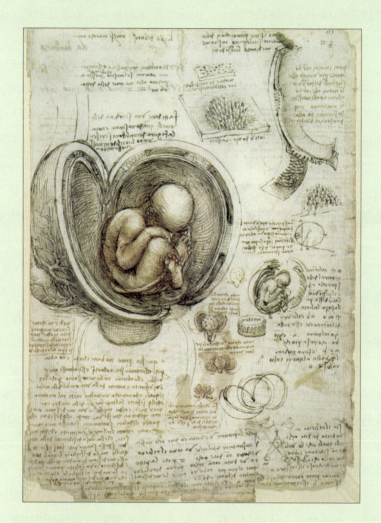

达·芬奇解剖素描

读秦牧

秦牧（1919—1992）是中国当代著名的文学家，尤以散文闻名遐迩，和杨朔、刘白羽齐名。

秦牧诞辰近百年之际，《文艺报》于2018年12月19日用几个版面论述评价了他的散文、儿童文学、历史小说等，让我再一次重温了秦牧先生的卓越思想、优美文字、高洁风格。

秦牧先生已经逝世26年了，自然看不到他的新作，但秦牧著作不断出版，让我们感到他依然活在读者心中。

我喜欢读秦牧的书始于大学时代，那是20世纪60年代，大概也正是秦牧先生创作最旺盛的壮年之际。

我特别喜欢秦牧的散文，其中《花城》《艺海拾贝》《潮汐和船》三部散文集，我至今都珍藏着，和鲁迅、泰戈尔、纪伯伦的书放在一起，像是书柜里庄重安放的神龛，即使已经很少去捧读了，却依然让我投以肃穆的、尊崇的注视……

那时，我还没来过北京，但《社稷坛抒情》，让我看到了五色土，看到了太庙，看到了皇帝祭地、祈念五谷丰登。在另一篇散文里，又让我想象到天坛公园的松柏和圜丘，以及从大门口到回音壁长长道路上的马蹄嘚嘚。我那时也没去过广州，但"榕树的美髯"让我仿佛看到了苍天的榕树和千丝万缕垂杨柳般的须根……

秦牧先生的散文格调高昂、立意深刻。他的抒情文章，情景交融；他的叙事文章，事理剔透。他的文章总是阐发真善美，鞭挞假恶丑。

说到真善美，我们自然会把文学和医学联系起来，秦牧先生还真是讲了不少科学知识呢。他的"科普宣传"观念是非常值得称道的，即"错误的知识，比无知识更可怕"，可以演化为"不科学、不正确的科普宣传，比不宣传还可怕"。

秦牧的文章中不乏科学小品，其中一篇使我很感兴趣，我在写关于生育问题的科普文章时，乐于引用他的话。这篇文章题为《没有生儿子就会断"香火"吗？》，其中有一段：

> 我自己是没有孩子的。在这件事情上，几十年来我从来不以为意。心想，在一棵树上，哪一个枝丫上结的果子，都是这棵大树的后代，结在哪一个枝丫上，有什么关系呢？
>
> …………
>
> 总之，果子结在哪一棵树丫上，都不失为一棵树的后代。就算这一株不结果，另一株同类的果树结了，也同样是一类果树的后代。

说得多么好，想得多么妙啊！试想，这样富于哲理却又浅显的比喻，比之泛泛的说教不是更叫人心悦诚服嘛！

医生，或者科技工作者读点文学，是不可或缺的，甚至是必需的。科学，特别是医学，是与文学相通的，两者的本源都是人学，或者仁学。文学给我们灵性，医学给我们定性，这两者的结合一定是美妙的。

像刚刚我引用的秦牧散文的例子，可以说是医学的提问，文学的回答，是对复杂、难解的医学问题的沉稳思考和优美文字的表达。

这又让我们不禁想起另一位著名诗人、报告文学大家徐迟先生（1919—1996），和秦牧先生同时代的人。他的《哥德巴赫猜想》让全国人民都知道了陈景润和他的数学研究。这又是文学与科学的完美结合。优美、形象、感人的文字，让我们感兴趣、易动情。这是科学的力量，也是文学的力量。

缅怀、致敬秦牧和徐迟等先生！科学家如果懂得了文学，文学家如果懂得了科学，该有多好！

徐迟与陈景润

读邢振龄先生的画

振龄先生已是名画家了，有"当代丰子恺"之称，却又有自己的风格特色。他的画显民俗之风，接民众之气，亦可谓雅俗共赏、老小咸宜，人人喜爱。

我与振龄先生交往有缘由。振龄是同仁医院的药剂师，由于他在文学与艺术上有才能，1980年4月北京卫生局创刊《健康》科普杂志，他即专司副主编一职，搞起医学科普。当时该刊的主编是北京市西城区卫生局局长陈海晨兼任，也是一位科普作家；"骨干"则有我和刘立。

《健康》杂志办得不错，蜚声京城。杂志社就在协和医院南边东单三条，与协和一墙之隔。我们常有走动，和振龄也是海阔天空无话不谈，颇为融洽。他统筹设计，改稿与插图，样样精通。我则只是撰写稿子而已，故对振龄很是佩服。

后来，他又去了《中国食品杂志》做总编辑，后来久疏音信。没想到他竟然成了大画家！那次，电话打来，虽多年未见，但一接电话就知是邢振龄，地道的胶东话，铿锵有力，不像已届耄耋之年。

君子之交淡如水。虽然"接上关系"，大家

似乎都在忙，偶尔送些画来，却不能像在《健康》社时那样闲聊了。坦诚地讲，我在临床上忙还说得过去，振龄可完全自由呀，年已八十有五，丹青之笔，辛勤不怠，出年历，办画展，使不完的劲儿……

我对振龄先生有些了解，对其画的喜欢，还真不是爱屋及乌，是从心底喜爱与欣赏。对其画，我的评价有三。

其一，热爱自然，热爱生活。振龄对山川湖海、花鸟鱼虫，都充满欣赏、怜爱，观察入微、倾注感情。将其意象给我们时，就有了深切的感染力，让我们也振奋起来、沉吟起来、思想起来。每年的挂历，要有至少12幅狗呀、猫呀，都是动人的、喜人的、怜人的。

其二，接近民众，接近地气。振龄笔下人物几乎全是草根民众，他们的喜怒哀乐、衣食住行，都活跃起来、亲热起来，令人感同身受，情不自禁地和他们一起或微笑、大笑，或唉声叹气，或点头摇手……若是常常看振龄的画，一定会天天有新意，人间多情味。

其三，老叟不老，童心不泯。孩子是振龄笔下的主要"人物"，一个个活泼可爱、天真可掬；或成群结队，或单个玩耍；或与老人对弈，或与宠物嬉戏，都让人有回归童年之感，仿佛年少如初之情。这正是振龄画风的主旋律：一个老人，一颗童心。随意般的粗犷，小顽童的柔情，没了跨界，没了沟壑，一切被炽热的情、浓烈的爱充满了、弥补了……

振龄画中的孩童都是一副憨态，大牛、小猪都是一脸温顺，展现的都是真、善、美；山水、禾草都是一片绿色的，房屋、车舟都静静呈现，整个画面透出的都是和（谐）、平（静）、安（详）。

这就是我对振龄随心信笔的画的理解。我的理解，更重要的还在于一个医者的感受与共鸣。

热爱自然、热爱生活，接近民众、接近地气，老叟不老、童心不泯，这也是一个医者要具有的心态、品格和作风，这就是我们作为医生也要学点文学、学点艺术的重要理由，包括我们看振龄先生的画。我们在欣赏艺术之余，一定会有巧思智慧、爱心爱意产生，一定会有更多的情趣、更多的关切、更多的学习在其中。

这也是我们医者的追求，医道的渊源。

写到这里，我们要感谢邢振龄先生和他的画。

《猪宝姐姐》,邢振龄画

《小猪宝宝》,邢振龄画

对『蛇画』的自我评介

2018年9月我出版了一本很特别的书：《一个医生的蛇画》（北京联合出版公司，2018年9月出版）。很多朋友好奇地询问：你为什么出这样的书？怎么想到的？

其实，我在书的前言、后记里有一些交代。我有120多位博士研究生，除几个还在读，别的都已经工作了。为了便于联系和交流，我们建了一个微信群，名曰"狼孩一族"。我们在群里交流一些情况，讨论一些问题，咨询一些疑难，是一个很有意思的群。我每天早晨6—7点钟要写一幅字发到群里，无论是节假日，还是在国内或国外，雷打不动，从未间断过一天。我把自己定位于海洋上灯塔的守望者，恪守"职责"，乐此不疲。

偶尔也会画个画，作个图，乃兴之所至，笔即随之。不刻意、不做作，随性、随意、随情，同学们（有的业已是大教授、名专家了）也是如此，甚为和谐有趣。

2017年9月，儿子送给我一个生日礼物，是一枚金蛇（并非黄金也），做放大镜兼做镇纸，很是可爱,已成为我的文房第一宝!我由此开始画"蛇画",遂提升了不少兴致,惹来了不少遐想,常在"狼孩一族"中发表。有时一天一幅,有时一天几幅,有时几天一幅,欲罢不能,竟达百幅。最后,居然可以敷衍成册,"蛇画"蜿蜒而出。

蛇,是这个世界上很不起眼的爬行动物,可是古今中外关于蛇的故事却非常多。从伏羲女娲、亚当夏娃到白蛇、青蛇、许仙,从蛇杖医标到蛇酒制药,从埃及法老手中的"生命之钥"到伟大领袖的诗句"风樯动,龟蛇静"……都离不开蛇。

蛇给人的印象是凶险的、诡秘的、可怕的,但也是灵动的、机智的、可爱的。在中国的十二生肖中还是个很不错的属相。

于是,人怎样与自然相处呢?怎样与自然界的动植物——包括蛇相处呢?也应该是和谐的,甚至是尊重的,我们几乎不能也不应该人为地消灭任何一种动植物。凶猛的老虎都被保护了,曾被全民捕杀的"四害"之一的麻雀,也被保护了。为什么蛇被无情捕杀,并成饕餮之食?其实,蛇绝少主动攻击人类,人对蛇的凶残远胜于蛇对人。

如此,我们似乎可以改写一些寓言、传说和故事,可以重新发挥和构建我们的想象、意境和现实。人与自然、人与社会、人与动物、人与人都应该是友善的、爱护的、平和的。也许,这就是我画了100幅"蛇画"的初衷吧,以此来表达我的追求、向往和感慨,也有省悟、警勉和鞭挞。

著名国画大师尹沧海先生认真地、严肃地评阅了我的"蛇画",并对书中的第54、55、58、59、60、73、83、91幅图进行品评,令我感动。他的评价不乏溢美之词,如幽默、风趣、理性、智慧等,乃是对艺术门外汉的鼓励。

山水、花卉、禽兽,本是画家们笔下之物,齐白石的虾、徐悲鸿的马、黄胄的驴……唯独没人画蛇,连尹大师都说他是第一次画蛇。蛇太简

《一个医生的蛇画》书影

蛇形放大镜

单，蛇不那么可爱，蛇不讨人喜欢，但也许画多了，蛇的形象就会有所改变了。

  作为医生，我只是偶尔画画解剖和手术图解，自知绘画功力不足，常得心而不应手，笔难以实现心中所想，只是想努力表达一点意思罢了。

梦蛇

关于序

写在一本书正文前的文字，可以称为"前言"（Foreword），通常由著作者自己来书写；也可以称为"序"（Preface），自己写，叫"自序"，请别人作序亦常有之，甚至有序二、序三；或用一篇文章当作序，作为"代序"等。

序是很讲究的文章。无论是自序或请别人作序，都会讲到本书的主要内容和特点，或者著作者对论述问题的基本观点，也会陈述撰写的动因、机缘，以及创作过程中想让读者了解的故事。作序者则要有评论、评价之类，多为褒奖、溢美之词，少有贬责、批评之意，给人有失公允之感，于是人们对此类序言不屑一顾。

其实，序言是很好看的。我常提议，读书莫要轻视或忽略序，甚至养成看书先看序的习惯。序言可点燃阅读的热情，序言可点亮阅读的眼睛，序言可激发阅读的思考。

有一个关于写序的有趣故事。20世纪初，著名军事家蒋百里先生写了一本《欧洲文艺复兴史》，请梁启超先生作序推介，梁先生欣然应允。而梁公做学问极为认真，那序言下笔难收，洋洋洒洒竟达数万言，几与蒋书等长，难以付梓于书前，只好独立出版。而俟梁公大作出版时，又邀请蒋先生作序。珠联璧合、桃李相报，真是佳话，妙极！

我写了一些书，总得有个"开场白"或"写在前面"之类，常不好意思麻烦别人，便自己动手，权作为序了。后来也受约为别人的书写起序来，曾几何时，作序不断，竟达百篇，还出了一本《一个医生的序言》（中国协和医科大学出版社，2014年出版）。于是自嘲："又曾几何时，我可能不会写书，只能或只会写序了。"

坦率地讲，我为自己写序，特别是为别人写序，还是很认真负责的。我的原则是并非应酬应景之举，乃是用心用情之作。更不会只写好，然后签名了事。

我首先要琢磨这部书的价值——科学价值、实用价值，得有意义、有意思。当然要对作者有所了解，有所信任。

其次，要浏览一下书稿，至少阅读目录大纲或一两个章节。对书的内容有个基本了解，尤其它的科学性、新颖性及实用性。要发现它的特点，捕捉它与同类书的差异（有时要买一些相关的书做参考）。比如，我曾为五位不同作者的《妇科内镜手术学》作序，我几乎拥有国内这方面的全部著作，以及几本国外权威著作。

最费思索，或者让我最有兴致，或者最为"得意"的是，我要对书的主题、内容等提出问题、提出讨论，并发表自己的评论和意见，使序言有深度、有广度，避免无的放矢、空泛寒暄。我的有些序言，被当作书中的一节，融入其内；有的被发表；有的被做成录音带播放或留存……着实令人感动！

作序最忌讳你好我好，言之无物地赞扬一番，推荐几句。当然，原书很好，点评议论之后，点赞之词也是应该的，推荐之语理所当然，也是对著作者的肯定、尊重与致谢。

我还以为，为别人作序，最好亲自动笔，忌讳别人代写好，自己只是留个大名而已。

写在最后的，是"后记"或是"跋"。作者觉得有未尽之意，有话要说，也可以赘上。有的跋是蛮有意思的，我是喜欢先看序，接着看跋，然后读正文，似可头尾相通，中段衔连，全书结成一体了。若无话可说，也不必画蛇添足。

读书、写书，包括序跋，都是愉悦的事；当然，也都是辛苦的事。所谓且苦且乐，亦劳亦获，愉悦在辛苦中。

逛书店

喜欢逛书店，是我年少时就养成的习惯。

而今，当我逛书店时，看见那些在书店楼梯上、角落里席地而坐（有的书店备有凳子或塑料坐垫）专心读书的孩子，油然生出许多亲近和怜爱之情。

医学专业书店是定期要去的，看看有什么新著，对作者及内容都甚为关注，有意义的书一般都要买下，作为资料收集。我常去东单的三家医学书店，十分方便，营业员都很熟悉了，一个附带任务是接受她们的咨询，是送上门的免费专家门诊。

最喜欢去的还是美术馆东街的三联韬奋书店，浓厚的文化韵味和强烈的书卷气息是吸引，是召唤。而有的书店虽然门面很大，藏书也不少，但什么都卖，仿佛是百货商场，减少了前往的兴趣。

在书店里，面对科学、文化、历史、哲学、人物、艺术……是巍峨雄伟的高山，是汹涌澎湃的大海，是辽阔无垠的田野，是湍急奔腾的河流，是苍茫寂寥的草原，是浓郁迷惑的森林……各种感觉、联想、心绪，让你驻足、流连、寻觅，甚至没有了时空的概念，不知不觉两三个小时就过去了。

我通常找一个没有门诊和手术的下午去三联韬奋书店，不好意思叫医院的车，好在我有老年乘车证搭乘公交车，也很方便。韬奋书店楼上开了个咖啡屋，让人惬意，曾想请几个学生一道来看书、买书、喝咖啡，却始终没能实现。

我还非常喜欢逛旧书店，如果说逛一般书店主要是寻觅新书，而到旧书店则是挖矿淘宝。逛旧书店更需要有耐心、下功夫，当然"嗅觉"要灵敏，眼光要敏锐。其实，也用不着带着什么目的，随缘循机而已，在琉璃厂我得到一部线装孤本的《精忠说岳》。

外国的旧书店丰富多彩，特别是有很多名家美术书籍，印制精美，虽然破旧，却在国内几乎无处可寻。30多年前，我遇到加拿大渥太华大学图书馆处理旧书，有一部《外科的历史》，扉页图竟然是中国的"关公刮骨疗毒"，红脸美髯、庄严神圣，可惜当时囊中羞涩，没能购得，一直遗憾。前几个月，我的一位学生意外地从网上购得一本给我，令我欣喜若狂！

外国旧小说处理时，往往一美金一本，我收集了涉及医学的小说近百本，虽然没时间去读，依然视为珍宝。我还意外得到《加州铃铛的历史》《铃的赞颂》等书，这类书几乎在绝大多数书店里，甚至索引查寻都是没有的。对于铃铛收藏者的我，其价值不言而喻。在美国，有的书印数很少，需预订印刷出书，拥有这样一本书是称心如愿的。

每次从书店走出来的感觉都是很奇特的：头总是低垂的，脑子不知是被充满了抑或是被洗空了，一片空白；脚步总是沉重的，是知识爱的吸力抑或是心新载装的重负。似乎有很多很多要去思索，要去消化……

每次从三联韬奋书店出来，拎着20多本书去赶108路公交车，车上人倒不多,但座位不会有空的,也别想有人给你让座。虽然有点顾影自怜,却习以为常,不足介意,只是不忍把书放在地上。司机师傅却主动打招呼,说可以把书放在他驾驶窗边的台子上,减轻了不少负担。下车时还告诉我:"老先生,从前门下吧。"(尽管广播说,下车的乘客请走中门。)为下车后一路行走增添了不少力量,充满感激。

和洋专家的书缘和友谊

在这里，我要记述两位洋专家：一位是美国的乔丹·菲利普斯（Jordan M. Phillips），一位是英国的阿尔伯特·辛格（Albert Singer）。他们都是值得尊敬的卓越的妇产科专家，是我们的同行和朋友。我们的交往从学术交流与写书、译书开始，建立了深厚友谊。

菲利普斯是著名的妇产科医生，美国加州大学埃文分校医学院教授。他对妇科腹腔镜的推广做出了卓尔不凡的贡献，早在1971年他就创办了美国妇科腹腔镜协会（AAGL），并每年举行一次盛大的会议，实际上是国际最大的医学学术团体和交流舞台。1979年菲利普斯赠送给北京协和医院妇产科林巧稚主任一台腹腔镜，协和得以开始腹腔镜的应用。1980年5月，我在苏州召开的全国第二届妇产科学术会议上作了首次应用的报告，并于同年发表文章，成为中国妇科腹腔镜应用的起始。

菲利普斯的第一部妇科腹腔镜著作就被引入中国。我们的《妇产科内窥镜及其应用》一书也于1989年由科学出版社出版。菲利普斯欣然作

与辛格交换著作

菲利普斯与我们

右起：陆召麟（时任副院长）、何翠华主任、连利娟主任、菲利普斯、吴葆桢主任、郎景和（时任副院长）

序，序言中写道："中国医生选择适应证慎宜，操作熟练并重视术后随诊，因此其安全纪录已超过美国、欧洲和其他一些国家的平均水平。"

在菲利普斯的支持下，我于1992年参加了在美国威廉斯堡召开的 AAGL 会议，报告了中国的经验，当时只有一个中国代表。可是在近四年的 AAGL 的会议，有数十名中国医生参会，并开辟了"中国专场"。中国的妇科腹腔镜技术已呈星火燎原之势，在会上，从听者到讲者到主持者；在队伍上，从跟跑者到参与者到领跑者。坦然地讲，这其中有乔丹·菲利普斯的贡献。他来中国 80 余次，到过近 100 座城市，进行教学与交流活动。

他于几年前过世，我们由衷地怀念他！

我有幸与阿尔伯特·辛格教授结识于千禧年初，缘于子宫颈癌的防治。辛格教授是国际著名的妇产科学家，尤以子宫颈癌防治、HPV 感染以及癌前病变之研究见长。我们共同组建了中国的宫颈癌防治组织、亚太地区生殖道感染和肿瘤研究组织（AOGIN），积极参加欧美的相应学术会议，比如欧洲生殖道感染与肿瘤研究组织（EUROGIN）、美国阴道镜及子宫颈病理协会（ASCCP）等的活动。辛格热心学术推广，多次来华讲学，足迹遍布中国大江南北。他还接受中国青年医生赴英培训。他只会说一句英式中文——埃—去—皮—威（即 HPV，人乳头瘤病毒）。

2005 年，他赠送我《宫颈与下生殖道癌前病变》（Cervical and Lower Genital Tract Precancer）一书；此书第三版新近出版（狄文主译，天津科技出版社出版）。

久违了，辛格。听说他还偶尔来中国，年事已高矣。

不过他给我们的印象颇深。

其一，他的学术热情令人感动，讲演认真细致、一丝不苟。说英语时慢慢地说、重复地说，直到你点头称是，方才罢休。

其二，他不乏英国绅士风度，却不卑不亢，彬彬有礼中满是谦恭。讨论问题时，他常常会问："郎大夫，您怎么看？"

其三，一个著名学者，很善解人意。我赠给他《妇科手术笔记》一书时，说："对不起，这是中文的。"他笑着说："我可以看图识字，我小时候就是这样读书的。"

阿尔伯特·辛格没有老！

江边智慧对话 两边思想交锋——读《江边对话》

这是当年上海市副市长、后任中国人民大学新闻学院院长的赵启正先生与美国著名传教士路易·帕罗（Luis Palau）博士在北京与上海市黄浦江畔做了三次谈话，后集辑成的一部饶有趣味的书，故名《江边对话》（新世界出版社，2006年9月出版）。一位无神论者和一位基督徒的友好交流，一位中共高官和一位美国传教士的坦诚对话，涉及科学与宗教、文化与哲学、自然与社会等重要问题，有思想交锋，有情感沟通，有冷峻的提问，有热烈的互动……

他们都讨论了什么有意思的话题？他们是怎样披露自己的观点呢？

其一，宗教——上帝与实验室。

也许一开始就是不可回避的两种截然不同的观点或出发点——上帝是否存在？

还是以"实验室"来谈问题会缓和一些：帕罗认为，验证上帝存在的"实验室"就在人们心中，心中认定上帝的存在，便能与上帝沟通。而赵启正则认为，这个"实验室"在人们的心外，验证了上帝的存在，才能与上帝沟通。

这种分歧是显而易见的，如何说服对方显然也是困难的。

如果，我们仅仅把这种观点的对立理解为精神和物质，或许我们是在画两条平行线，它们永远不会交叉，却可以朝着一个方向而殊途同归？

典型的例子是，爱因斯坦是个卓越的物理学家，却也是一位虔诚的基督教徒。研究物质本质，又信上帝，如何将两者统一起来？爱氏的回答是："上帝指明方向，我来完成细节。"多么狡黠！也许是唯一正确的回答。

其二，哲学——东方与西方。

这是第二次谈话的主要命题。基督徒说，上帝爱世人，故将其独生子耶稣赐予他们，代其受过，并表达了赦免、宽恕罪人的爱。这就是十字架表示的深层含义。

无神论者，强调中国古代传统道德中的"义"，包括对"义"的象征关老爷的尊崇，以致我们的国歌《义勇军进行曲》。

从近代史看，中国历经侵略、凌辱之苦，对侵略者，我们爱憎分明。我们不会接受"爱你的敌人"（《圣经》）。帕罗的"辩解"倒也有趣：对于"爱你的敌人"，主要是一种个人态度，看这种伤害是个人的，还是集体的。也许对个人是可以宽恕的，如果是对于国家、民族，我们有责任对付和惩罚那些邪恶的人。

讲到"善"，似乎两个人、两种文化容易交融。连帕罗也说："中国的孔子、孟子的伦理道德思想和基督徒有很相似的地方。"可谓"万族同源于一"，中国人的思想更有意义，有超过五千年的文明历史。

其三，科学——终极与真理。

终极真理是上帝，这是基督徒的基本认识；而无神论者认为，科学是推动社会进步的第一生产力，科学的发展使我们不断地接近真理。

探索终极真理是哲学或科学的任务。神学家讲神学的问题是从上到下，而科学家研究科学是从下到上。神学家是在教堂中回答问题，而科学家是在实验室中回答问题。这种对话使两者可以在中间相遇。

聪明的神学家缓和了气氛。他说，对上帝有信心，会鼓励而不是压制科学研究。对上帝的认识鼓励我们去思考，而不是减弱我们思考的能力。他又说，我们和所有科学家、经济学家、政治家一样，在社会不同层面上进行思考，都不限制对真理的崇尚和智慧的追求。他又巧妙地说，如果对基督有信仰、有信心，就不应该与科学彼此敌对、彼此冲突，而应该是好朋友。所以，一个人能认识上帝的话，也能百分之百地对科学有认识。

我们实在是在阅读两个智者的智慧！观点不同才有讨论的价值和意义，才会精彩。与自己的影子讨论问题，毫无意义。《江边对话》中还有诸如社会发展、社会和谐等话题，都值得我们去深思。作为医生，我们从中领会的思想与哲学，一定裨益颇多。

让我们以赵启正先生的一句话作为本文的结语吧：宗教不是上帝设计的，是人们自己设计的，人们以此接近心中的上帝。

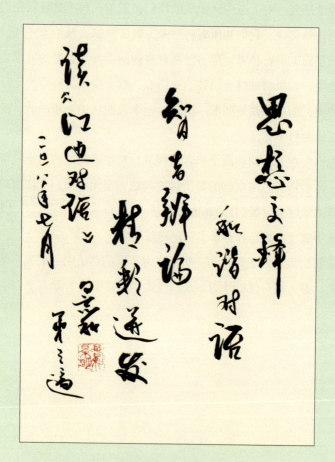

思想交锋，和谐对话

咖啡的正论与漫读

我之所以要写一篇关于咖啡的文章，是因为我喜欢喝咖啡。我之所以有"正论"和"漫读"的题目，是因为读了一本《咖啡的科学》（台湾晨星出版社，2017年8月出版）的书。

《咖啡的科学》一书的作者是日本人旦部幸博，1969年生，研究医药学。他有自家的咖啡烘焙店，开设的讲习班于1996年开张，很是红火。

也许，关于咖啡的文章或者书籍铺天盖地，关于咖啡的议论五花八门，因为它毕竟是个很普通的饮品，但也是仁者见仁、智者见智。

作者带领我们认识咖啡、品尝咖啡，引导我们喜欢咖啡，踏入咖啡的世界。

从咖啡从何而来（产地），到咖啡的味道从何而来（烘焙、炮制），书中都述说周详；从品尝咖啡（犹豫、不习惯）到嗜好咖啡（抑或成瘾、戒断症），书中都有科学理论、真实考证。

连作者也承认，刚开始他也不习惯"这股怪味"。可是在后来的冲煮过程中，深深陷入了咖啡的世界里，甚至自己烘焙制作，开起了"巴哈咖啡馆"。

这时，我想起了自己喜欢的一句话：咖啡的美妙在于制作之中，咖啡的香浓是需要等待的——梦想的生活也一样。

显然，速溶咖啡不值得推崇。

作为医者，我们更关心咖啡对身体和健康的影响。作者是医学专家，对此的评论比较公允可信，也旁征博引了不少参考文献，总的说来，不消说对于精神心理有正面效应，有证据表明咖啡可降低肝癌、心脑血管疾病的发生风险。书中甚至有两节专门讲咖啡与长寿，结果也是"是的"。日本是个长寿的国家，影响健康和平均寿命的因素很多，似乎不能完全归功于咖啡。所以，有人会调侃说："我们身体健康和长寿理所应当，不必感谢咖啡。"但至少也不该把咖啡列入"坏东西"的黑名单中。日本地处东洋，不是西洋，素以茶道著称，现今却也成立了"全日本咖啡协会"（All Japan Coffee Association）。

诚然，还有一个问题：喝多少为好（或适量）？这完全是件因人而异的事情，医学上叫"个体化"。有人一杯足矣，有人接连好几杯。据说巴尔扎克写作进入疯狂状态，一天喝了50杯！若可以给个定量，每天2—3杯（以每杯50毫升、40—80克论）也就可以了。凡事不可过也，美味不可贪多矣！

好多年前，我写过一篇奇怪的小文《外科医生与烟、酒、咖啡和眼镜》。那是我对常见嗜好的基本态度——不抽烟、不饮酒、喝些咖啡。

我喝咖啡的惬意感受是：手术下来，办公室一缕咖啡的清香，疲倦顿消。如果用咖啡壶煮制，浓郁的香气弥漫，深深地呼吸，飘飘欲仙。略作小憩，信手拿起一本解剖学或手术学类书籍浏览着、思索着，真不知是回味手术，还是品尝咖啡？是完成手术的快乐，还是享受咖啡的快乐？

晚上，一杯咖啡在案头，会带来不少灵感，下笔如有神。妻子戏言：这就是你的幸福生活！答曰：然也。不会影响睡眠（对于我），因为我已经"利用"它了,"消耗"它了。我睡得会更加安逸。

和朋友、同事一起喝咖啡是一桩很快慰的事。感受和思想交流着,兴味和咖啡搅拌着,合作和友谊融合着,还真胜过一次正儿八经的学术讨论会呢!

2014年5月,去巴西圣保罗开会,在纽约机场转机,大家都很疲惫;我在机场喝咖啡,情绪大振,信手用餐巾纸写下《咖啡》诗一首:

> 浓黑的琼浆,
> 弥漫优雅韵味;
> 沉默的温柔,
> 鼓动心灵飞翔;
> 浪漫的情调,
> 写意生命甘苦;
> 神奇的回荡,
> 淹没生活无常。

甫毕,热烈酣畅的气氛骤然变得幽缓沉静下来了……

咖啡之一

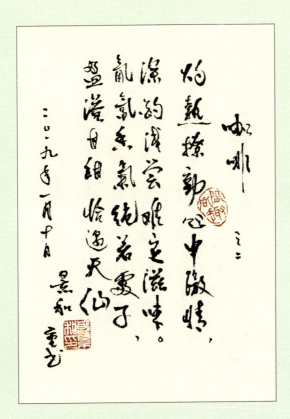

咖啡之二

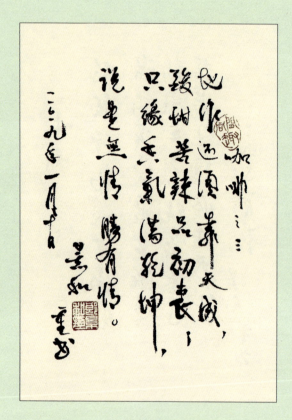

咖啡之三

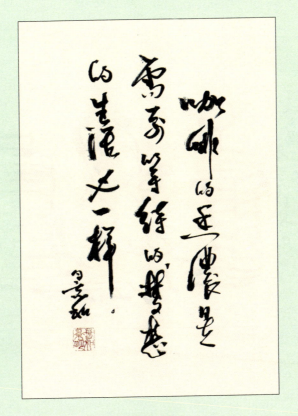

咖啡的香浓

人不堪其忧，吾也不改其乐

关于《冷记忆》

《冷记忆》(南京大学出版社,2012年8月出版)是一部值得阅读的书,为法国哲学家让·波德里亚(Jean Baudrillard)的名著。虽然,他自己谦称这不过是他的笔记或日记,甚至调侃地说:"是一个巧妙的懒惰的模具。"这使我想起自己的"知识的篮子"等文摘、杂记以及《一个医生的非医学词典》的写作,虽然不是效法,却是"志同道合"。

《冷记忆》跟他以前的书一样,书中具有一种忧郁的气氛,而忧郁也许正是事物的特定状态。这又使我想起许多哲学家的"忧郁"——忧郁是深刻思考的特征?抑或是事物的特质?我天生不愿忧郁,尽管也愿意思考。所以,我大概成不了哲学家。

在波德里亚的书里,我们会受感染或理会和忧郁相关的冷漠。诚如其所言"真正的冷漠和虚假的冷漠之间还是有很大的区别的,唯有真正的冷漠令我们感动。不过,这种冷漠实在太少,几乎和真正的美丽或疯狂一样少"。

这或许是《冷记忆》里所表达的基本思想。

伟大的思想家、哲学家所表现的忧郁、冷漠正是其深刻性的外部特征，水静而潜激流，地平而藏岩浆，一旦迸发，必定是汹涌的、炽烈的。

一个临床医生的表露应该是热情的、关爱的，而作为一个医学家却也应该是冷静的、沉思的，两者的结合或许是超度的修炼。

医生的学习、生活和工作十分繁忙，几乎没有时间停下来、静下来思考，甚至无暇思忖我们置身其中的时间、空间和语言。

波德里亚提醒我们：时间，就是让一切不发生在同一时点上的东西；空间，就是让一切不位于同一地方的东西；而语言，就是让一切不意味同一样意思的东西——典型的哲学家的思想和语言！可以认为，一切都在变化之中，诚如"我们不能再一次进入同一条河流里"。

这种运动、变化的观念，应该是任何人、任何工作的执业者所应树立和遵循的。

时光流逝、科技发展，我们如夸父追日般不敢懒惰、不得停歇；世事繁杂、信息爆炸，我们有时会穷于选择、囿于功利。亦如我们每天收纳了各种信息，似乎可以告诉我们很多问题，甚至答案。但有一些是我们没有提出来的，甚至是一些不成问题的问题；更有甚者，还有很多问题是找不到答案，或者正确答案，或者不知道是否是正确的答案……大概又需要"冷思考"。

我陡然间觉得波德里亚的《冷记忆》和其思想有了禅意或哲理，是冷思考，又是"无计较，无利害、无是非、无善恶"。这种意境，可以修行而成，也可以是一种"无奈的结束"。前者是"自觉的修炼"，后者是"生活的逼迫"。所谓"逼迫"，则令人去思索，去想办法，而哲学家却又说"一旦有了办法，那就不再是真正的问题；一旦有了答案，那就不再是真正的提问"。

归根结底，《冷记忆》告诉我们的是要冷静地思考、质疑或追问。问题是我们常常囿于不断花样翻新的烦琐术语或者新理念、新概念的高墙之中，失去了哲学的追问。

我们甚至失去了孩子的追问，更可悲的是连孩子也不追问。

这个世界除了"有用"的东西之外，还应该有"有趣""有情""有理"。不是吗？

林巧稚大夫给我们留下的……

《妇科肿瘤》付梓于1982年，那时林巧稚大夫已卧病在床。

这是北京协和医院妇产科同人几十年关于妇科肿瘤临床与基础研究集大成之作，由林大夫亲自拟纲并组织编撰。

1978年，林大夫赴欧洲四国访问，中途罹病回国，即着手筹划此书了。庆幸的是《妇科肿瘤》在林大夫仙逝之前已告出版，令人不胜欣慰！之后，1993年、1999年、2006年接连推出第二、三、四版，易名《林巧稚妇科肿瘤学》，以资纪念。第三版封面是红色的，第四版封面是蓝色的，业内称之为"红宝书""蓝宝书"，足见其影响了。

新世纪面临的医学问题，主要有人口老龄化、计算机技术的广泛应用和信息"爆炸"、遗传学的深入研究、人类基因图的完成，以及医疗卫生保健系统的改革等。这为医学的发展和医生的责任提出了新的挑战，创造了新的契机。

癌瘤或者癌病仍是人类的主要杀手，除肺癌、肠癌以外，女性的乳癌和生殖道肿瘤的发生率不断上升，这将是妇癌工作者的沉重任务。

妇科肿瘤诊治的传统观念仍然是普查普治、早诊早治，近年又在治疗方面强化了现代观念，这就是微创化、个体化、人性化和多元化。内镜手术、经阴道手术、介入治疗（超声介入、高能超声聚焦，即 HIFU 和放射介入）等为我们提供了更多更好的微创技术。但微创是一个基本概念，是一项外科原则，诚如"医圣"希波克拉底所言，"请你不要损伤！"，这也可为肿瘤诊治的箴言。所谓个体化和人性化，系指在诊治的规范原则下，因人、因时、因地的不同，采取相应的对策，并注意保护及改善病人的生活质量，尊重病人意愿和要求，重视保留其生理和生育功能等。现今的治疗亦提倡多种方法、多种途径及联合治疗，强调支持治疗以及精神心理的关慰和照料。

为此而实施的妇科肿瘤诊治现代策略是注重筛查。液基细胞学检查及人乳头瘤病毒（HPV）检测为宫颈癌筛查提供了简便有效的方法；子宫内膜癌的筛查亦在推行新的尝试；唯卵巢癌尚待研究更特异的标志物。癌前病变与交界瘤的处理业已成为重要的防治癌瘤的重要程式。保留生理生育功能的关键在于理念，手术及化疗选择对子宫、卵巢，甚至卵子的保护为首。难治性及复发性癌病的处理依然是最棘手的难题，逐渐形成的原则、方法以及深入的基础研究有助于攻克这些堡垒。此外，加强妇科肿瘤医师的人文修养对于诊治决策的建立至关重要，包括医师的哲学理念、医患关系、谈话与交流等。

正是在这种情势的影响下，在现代观念和现代策略的推动下，《妇科肿瘤》一版再版，不断翻新，都是应运而生、水到渠成。

在修订第四版时，北京协和医院妇产科及妇科肿瘤专业组，老中青学者密切协作，临床与基础研究深入结合，使妇科肿瘤的诊治水平又提升了一个新的台阶。该科承担了多项关于妇科肿瘤的国家级科研课题，特别重视宫颈癌的普查普治，是最早引入液基细胞学、TBS 分类及人乳头瘤病毒 DNA 检测（杂交捕获，HC_2）的单位；并承担了北京市科技项目"北京城乡子宫颈癌前病变发病调查及早诊早治",以及卫生部"十年百项"项目,推行宫颈癌预防(CCP)的规范化等。此外,进一步重视妇科恶性肿瘤保留生理生育功能的临床研究,逐渐建立与形成青少年妇科肿瘤学及肿瘤内分泌学亚专业,将PET引入诊断与追随。并负责多项新的化疗方案的临床试验和推广实施,率先开展保留子宫的子宫颈根治术(Radical Trachelectomy)以及将腹腔镜手术引入妇科恶性肿瘤的治疗,对和肿瘤有密切关系的子宫内膜异位症的发病机制提出了新的观点,还报告了有效治愈少女外阴横纹肌肉瘤、母婴同患胎盘绒癌等少见及罕见病例……凡此种种,都在新版书中得到了很好的体现,使其成为具特色的、新颖的、有实用性和学术价值的参考书。非但如此,主编还邀请了科外、院外、市外的著名流行病学家、细胞学家、病理学家、免疫学家、肿瘤药物学家、放射学家等撰写有关章节,使内容丰富、充实,颇具权威性。

正是在全科同道的齐心协力下,近些年的妇科肿瘤的基础与临床研究,多次获得国家级与部、市级奖励,并出版了不少有价值的著作,如《卵巢肿瘤的基础与临床研究》(连利娟主审、郎景和主编,2001年)、《妇科肿瘤——面临的问题和挑战》(沈铿、郎景和主编,2002年)、《临床妇科肿瘤学》([美]迪萨埃著,郎景和、沈铿、向阳主译,2003年、2018年)、《滋养细胞肿瘤的诊断与治疗》(宋鸿钊、吴葆桢、唐敏一、王元萼著,1983年)、《宋鸿钊滋养细胞肿瘤学》(宋鸿钊、杨秀玉、向阳主编,2004年、2011年)、《子宫颈学》(郎景和主译,2005年)、《妇科肿瘤笔记》(李雷、郎景和著,2016年)等。这些成果是同人们辛勤劳动的结晶和阶段总结,在之后再版中都得到了升华与体现。

应该诚挚地感谢主编连利娟教授。连大夫作为林大夫之后的老主任、著名的妇科肿瘤学家,颇多建树。开始协助林大夫编撰《妇科肿瘤》，后主编第2、3、4版《林巧稚妇科肿瘤学》，获卫生部医药卫生杰出科技著作奖和北京市科技进步奖。她虽年事已高，却壮心不已，殚精竭虑；她极端认真负责，事无巨细，精益求精，堪称楷模。我们大家都把几次再版过程当作一种学习、一种领教、一种锤炼、一种提高。

我们深切地领会到，林大夫不仅是中国现代妇产科学的开拓者，也是妇科肿瘤学研究的先驱。2018年12月，我们照例召开了林巧稚大夫诞辰的纪念活动。这个活动至她诞辰117周年、仙逝后的35年间从未断过，我想撰写此文也是对她的纪念和学习。我们还深切地怀念对妇科肿瘤学发展与本书各版做出卓越贡献却已仙逝的宋鸿钊教授、吴葆桢教授、王元萼教授和夏宗馥教授，他们的名字和事迹将铭刻于后来者和读者的心里！

一本书就是一部历史——它是跋涉者的足迹，它是攀登者的血汗！一篇短文就是一段回忆——它是一种相聚的方式，为缅怀和承袭大师与先哲们！

《妇科肿瘤》书影

鲁迅和胡适

鲁迅和胡适都是中国文学的巨擘,新文化运动的旗手。

他们有着不同的人生态度、人生选择、人生道路,不同的品格特征、精神风格。社会、公众,甚至领袖都有不同评价。评价他们的人、他们的作品显然不是本文作者所能为之、所敢为之。只是作为一个医生,读读他们的书,或许可以从两人各自鲜明的特征中,吸收有益的营养,丰富我们的阅历和思想,也是仁学、人学的精神营养。

我甚至想,鲁迅和胡适表面上是互相排斥的,也许心里却心存敬佩。他们大概不会合流,只是两类人、两个面孔、两种颜色罢了。

我喜欢鲁迅,他的刚直不阿、爱憎分明,没有丝毫的奴颜和媚骨,他的"横眉冷对千夫指,俯首甘为孺子牛"可以成为我们民族精神的鼙鼓。我也喜欢胡适,他的宽容豁达、温文尔雅,风格是思想的优雅,温柔是心灵的优雅。

我们都读过鲁迅的很多书、胡适的很多书,近年坊间还出版了一本名为《鲁迅和胡适》的书。我们都知道鲁迅和胡适的思想脉系不同,文化资源有异,价值取向疏离,他们都是新文化的倡导者,却彼此相离,趋于不同新型知识分子或文化人的精神路向。他们真的是两条平行线,永远没有交叉点吗?

鲁迅逝于 1936 年 10 月 19 日,享年 55 岁;胡适小鲁迅 10 岁,卒于 1962 年 2 月 24 日。胡适的"重头戏"多在鲁迅仙逝之后,如若鲁迅再活上二三十年,就鲁迅的脾气,俩人一定"打"得更加厉害。鲁迅是"一个都不宽恕"!

近年,社会和公众倒是对胡适宽容了。甚至说,犀利的鲁迅,是闪电,以闪电的锐利,刺破黑暗;温和的胡适,是阳光,从外面柔缓地照亮黑暗。

鲁迅多质疑、太尖刻,也还是"人生得一知己足矣,斯世当以同怀视之";胡适提倡"多谈些问题,少谈些主义",也主张"大胆假设,小心求证""认真的做事,严肃的做人"。我不知道如何将鲁迅和胡适"整合"起来,他们之间是不可能了,我们或许可以——历史的大浪淘沙,时代的变迁进步,观念的深邃发展……

医学和文学是相通的,鲁迅的"解剖精神",胡适的"儒雅风格"都是医生应该学习的,并应成为我们自己精神与风格的基本元素。

鲁迅的"解剖精神"是针对社会的,所以弃医从文。我于 2013 年出版了一本书《一个医生的非医学词典》(署名叶维之),著名作家李国文先生评阅道:"他在手术台上,拿着手术刀,面对的是病人;而他拿起笔,奋笔疾书,面对的是整个社会。"诚然,我自觉没那样的高度和深度,也只是学习鲁迅的"解剖精神"而已。社会也好,人体也罢,都是有缺陷、弱点或问题的,或者可以称为某种疾病吧,都需要去医治。医文同源、同理,都要目光深刻锐利、细致准确、抓住关键、切中要害。

回到我们的阅读,终归开卷有益。我们可以说,阅读是一个人的素质,进而是扩大民族素质的体现。而文学则是其聚焦之点。

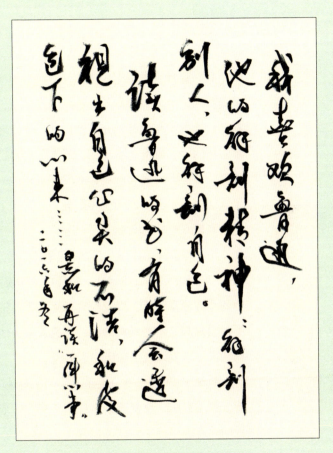

再读《一件小事》

让我们的生活与工作充满情趣

我一直喜欢丰子恺先生的文与画。他的文，精美隽永，耐人寻味；他的画，随性随意，意蕴深邃。他的文与画都是充满情趣的，好像老先生牵着你的手，游逛艺术走廊；或者觉着自己是个孩童，被他逗得或笑或哭，或哭笑不得……忘却了这老先生早已于四十余年前仙去，忘却了自己也已是近八十岁的老者。

丰子恺先生（1898—1975）是著名的文学家、画家、艺术家，浙江桐乡人，曾任中国画院院长。他的《缘缘堂随笔》以及经常可见的极具特性的类似漫画却又不是漫画的画，脍炙人口。他的著作颇丰，还有译著《源氏物语》等。

我最早"认识"丰子恺先生，当然是他的画，看了爱不释手，反复琢磨，仔细品味。后来读了他的《有趣生活》（江苏凤凰文艺出版社，2018年3月出版）一书，产生了本篇札记。

这是丰老先生20世纪二三十年代的散文集，民国文人的有趣生活、日常之美。作者声言，人的一切生活，实用之外，又必讲求趣味。这也是《有趣生活》一书的基本观念。这种风物日常之美，可以安顿精神，应该是生活的基本祈望。

我的问题接踵而至，什么是有趣的生活？如何才能使生活有趣？

从书中的理解，所谓"有趣的生活"就是保持自然，追求艺术。

作者认为自然应该是人的基本姿态，无论什么人，从褴褛乞丐到达官贵人，从衣着到言语，都应是自然的。自然让我们平等，自然让我们美好。自然而顺动，真相而纯正。他甚至认为，所谓自然，不仅指个人的行为言语，也包括环境布局。前者为人之自然，后者为物之自然。人物和谐自然，乃为有趣、美好。甚至我们撰文作画，也应如此，"文章本天成，妙手偶得之"。天机勃露，独得于笔情墨趣之外。难怪先生为自己的书房题名"缘缘堂"。作者有一个有意思的提法："美"都是"神"的手所造的，假手于"神"而造美的，是艺术家。开始有些费解，通读甫毕一想，恍然大悟，"神"者自然也，自然即是美，自然作文作画，即是真正的文学家、艺术家了。

其实，敬畏自然、爱护自然、彰显自然，是永恒的话题，是普遍的真理，及至而今的环境保护、疾病的防治。作为医者，也更应敬畏生命、敬畏疾病、敬畏病人、敬畏人体、敬畏自然，依着自然规律、依着生理规律预防、诊断与治疗。挑战人体、破坏机能，要么损害科学，要么违背伦理，是注定要走向异化邪路的。

生活的艺术、艺术的生活是本书的主题，也可以认为是丰子恺先生生活与工作的主旋律。《有趣生活》一书之所以有趣，不仅在于散文文字，书内的绘画及其论述，甚至音乐及其论述，都使全书充满艺术，充满美好，使人尽享其中，陶醉其中。

作者讲人之"五欲"——食欲、色欲、德欲、美欲、物欲，真若圣人之言。人们常引"食色，性也"一说，似不周全矣。作者讲艺术之"五味"亦如生活之五味，也有甜（赏心悦目）、咸（言之有物）、辣（动心忍性）、酸（清幽隽永）、臭（恶俗淫荡），都是见地深刻之比喻，醍醐灌顶之警示。

一个医生的艺术修养，不仅对生活的影响深远，对工作的影响更是巨大的。

在《有趣生活》里，我们还可以学习不少中外艺术史、名人名画名曲的趣闻。丰子恺师从弘一法师，有一文《李叔同先生之文艺观》，提到弘一讲"先器识而后文艺"，是说要"首重人格修养，次重文艺学习"。这不仅是做文艺，做任何事，包括从医看病亦然。以往只知弘一法师是著名大师、文艺先驱，却不知是一位剃度多年的出家人，有炽烈的爱国热情，依然壮怀激烈，一曲《满江红》的后半阕是："尽大江东去，余情还绕。魂魄化成精卫鸟，血花溅作红心草。看从今，一担好山河，英雄造。"（《弘一大师年谱》）

真令人震撼！

从读《如何阅读一本书》谈阅读

这是一个挺拗口却很有意思的题目。

也许会有人觉得奇怪,我都是博士、教授了,读了那么多年书、读了那么多书,难道不知道如何读一本书?

且慢,也许真不一定"非常懂得读书"——我自己就算一个。

认真读读这部《如何阅读一本书》(〔美〕莫提默·J.艾德勒、查尔斯·范多伦著,郝明义、朱衣译,商务印书馆,2017年出版),便会感到自己对于阅读理解的肤浅。尽管我们可以俯拾即是地找到名人大家关于阅读的著作与文章,从梁实秋到杨绛,从毛姆到费希尔。前三位,我们都很熟知。新西兰的费希尔是《语言史》《写作史》和《阅读史》三部曲的作者,他向我们表达的就是阅读永远是人类文明之声……

回到我们的《如何阅读一本书》。这本书把读书分成四个层次:基础阅读、检视阅读、分析阅读和主题阅读。还有不同门类图书的阅读方法,以及阅读的重要理念。

显然,这些方法和理念,与我们惯常的读专

业书，或者浏览报章杂志、小说散文等都会有状态和考虑的不同了。可以读读这本书，试试这些方法吧！也许更有收获，事半功倍。

每每说到阅读，我便禁不住想起那尊石像（见图）——阿蒙霍特普（Amenhotep, Son of Hapu）——古埃及著名书记员在阅读一部尚未全部打开的莎草纸书卷。这尊石像可以追溯到公元前14世纪——时光流逝，人物化尘，但书卷尚在，阅读让故事永传。

是的，是书籍、阅读和读书人把历史与故事传承下来！

每每说到阅读，我都会有错综复杂的感觉：是愉悦与激奋，是恐惧与危险。似乎有一种阅读近乎于勇，或者一种勇敢与信念的行为和坚守。

我们无力改变这个世界（也譬如，我们做医生，也无力治愈所有的疾病，挽救所有的病人一样），却可以通过个人的完整一致来整合混乱，用备受训练的头脑，在书中找到意义和慰藉。我曾写过关于阅读的短句：吾读书——未必成天下之行，或可察天下之心，或可观天下之变。

张元济先生说：第一等好事，还是读书。杨绛先生说：读书如同串门。

大师们把读书描述得如此轻松快乐，我等之辈可是战战兢兢，空空荡荡。我在书房挂了幅字：保持饥饿，保持呆傻。一种愈阅读愈饥渴的感觉，那是一种恐惧；一种不可自以为是、自作聪明的内省，那是一种危险。

当然，阅读是快乐的，无论我们看到了什么，无论我们会想到什么，都一定是思想和心灵的享受和愉悦。从基础到分析，从检视到主题，是从肤浅到深刻，从理解到升华的无尽乐趣。

于是，我挂的另一幅字是："保持渴望，保持清醒。"

阅读石像

三部伟大的《忏悔录》

有三部伟大的《忏悔录》是必须要读的。这就是古罗马的奥古斯丁、法国的卢梭、俄罗斯的列夫·托尔斯泰的《忏悔录》，无论是作者，还是著作，都堪称伟大。

我们对"忏悔"或《忏悔录》有些误解，"忏悔"，英文为 Confess，拉丁文意为"承认、认罪"，诚如我们在教堂之中，在批评与教育之中，所谓发露忏悔、检讨罪恶、乞求宽恕、心怀容忍等，其实，就是在教会文学中，已经转为承认神的伟大，有歌颂的意义。

后来，《忏悔录》则是自传体的记录，上述三部《忏悔录》都是他们的自传。

圣·奥古斯丁（S. Augustinus，354—430）是古代基督教主要作家之一，基督教神学大师，他的思想在天主教和基督教中都有极深远的影响。他的《忏悔录》对自己的行为和思想做了深刻细腻的分析，不仅是一部宗教的布道，更是古代西方文学的典范。

奥古斯丁对时间的论述是最值得赞叹的。奥古斯丁《忏悔录》卷十一竟然用了27页的篇幅阐述对时间的认识：时间是什么？过去、现在和将来都意味着什么？长短、快慢又如何度量？时间和日月星辰，是受造之物抑或永恒？时间的流逝抑或物体的运动？……可以说，奥古斯丁不是在讲道，而是在讲哲学。当我们已经有了一点哲学训练之后再重温奥古斯丁的哲学，显得亲近而不生涩，激发了深刻、久远的想象……

卢梭（J. J. Rousseau, 1712—1778），法国思想家、哲学家、教育学家。卢梭出身贫寒，历经坎坷，即使成名后亦屡遭诟病。他的《忏悔录》是典型的传记体创作，他无情地解剖自己的思想和欲念，毫不留情地揭露自己的隐私和伤疤；充满深深的忏悔和深刻的原罪感。

没人能做到像卢梭这样坦诚和不怕"厚颜无耻"，他暴露自己的卑微、欺瞒，甚至小偷小摸……也许，正是他的自我"忏悔"和"自我批判"才造就了他的深邃思想和教育天才！

诚然，我们从卢梭《忏悔录》里汲取重要营养，就是"自噬"（Autophagia），这是我作为一个生物学或医学研究者"创造性"的评价之语。卢梭是位平民思想家，他的经历，及至晚年都是"自噬"，更是"他噬"。但我们依然敬重他，他热情奔放、多才多艺的人格魅力，带给我们的应该是愉悦，而不是沉重。

问题是，我们看到了、学习到了卢梭的实事求是、率性坦诚的精神，不论对己，还是对人，无论学术，还是品行，都不是文过饰非、歌功颂德。对我们科学工作者来说，这种精神是理应具备的修养。

按生卒年龄排列，我应该写到列夫·托尔斯泰（L. Tolstoy, 1828—1910）。托翁是我们中国人熟悉和喜欢的大文豪之一。可以说，我念中学时能够读到的外国文学作品，主要是列夫·托尔斯泰的《战争与和平》《安娜·卡列尼娜》《复活》等。我们看到俄法战争的宏伟画面、复杂感人的俄国社会生活图景，我们甚至可以脱口而出那句经典语录："幸福的家庭都是相似的，不幸的家庭各有各的不幸。"但我年轻时，知道他有一部《忏悔录》，并没有认真去读。随着前述两部《忏悔录》读完，很自然地就引出对托翁《忏悔录》的兴趣。

这部《忏悔录》是列夫·托尔斯泰的又一名著，被认为是他世界观改变的富于生命意义的思考之作。"他在探索生命意义的精神活动中，遇到的前所未有的难题。"此难题也同样是我们至今未解的困惑。"在探索生命问题的答案中，我的感受和一个在森林中迷路的人的感觉完全相同。"我们似乎也并没有完全从森林里走出来。

托翁晚年变了。他在《忏悔录》里说，"我们这种富豪的、博学的人们的生活不仅使我反感，而且失去了任何意义"。他决定放弃任何利益、家庭和财产，离家出走；或者操持生活琐事，编写小学识字课本和农民读本……关于人的公平与平等、尊严与屈辱、罪与恶……又如何了结？社会良知、感情自责，又如何化解？托尔斯泰82岁亦未得解！在他逝世（1910年11月7日）后的7年，列宁领导的十月革命成功了，托翁如若安在，又该如何呢？——他依然会"尽力地燃烧，为美和爱去接受一切"吧。

我之所以找这三部《忏悔录》来阅读，本来是想写一本《一个医生的忏悔》的，为"一个医生系列"之一种。此想法却遭到好多人的反对，有的甚至如此规劝："你若以此名出书，会遭恨、遭骂、遭控、遭砍。"我想，内容不会有什么问题，主要是像文章开头所说，是对"忏悔"与《忏悔录》的误解。

医生悲天悯人、慈善为怀的情愫是不容误解的，医生的真、善、美的频率与病人完全合拍。我们是神与佛派来擦拭人们眼泪、抚慰痛苦、共鸣感情的善人啊！医生的忏悔或者自传自述就是如此。

欧洲街头雕塑"母亲与孩子"

"死亡的脸"是可怖的吗?

"死亡的脸"是一部书的名字,有点可怖!

死亡虽然是人人皆知、不可回避的事情,但通常人们都委婉表达,或者忌讳于表达。

死亡是科学的、生物学的,也是宗教的、神秘的,甚至是神化的。死亡是突然的、瞬间的,却也是渐进的、侵蚀的,甚至是终极的。死亡,看似是荒谬的,但长生不老,或者想长生不老,则是真正的荒谬!

《死亡的脸》告诉我们死亡的真实面目。死亡与诞生一样,从始初到终了,都是生命过程,是绝对必然的。而医者的责任似乎在与之抗衡,实则不过是维护健康,减少痛苦,延长生命。但我们似乎也应该明了,人毕竟只是一种生物,大自然中的一景一物,终究在难以抗拒的力量下回归于天地,抵抗这种力量只是徒然。

自从有人类以来,已经有850亿人先后死亡在这个星球上!他们都是我们的亲族父祖。

我们或许应该冷静地、有些忏悔般地承认,我们对于生命的有意、善意的扰乱未必有益。医药的某种胜利或者成功,不一定是生命的胜利或者成功，更不一定是生命终结者的幸福和祈盼。

于是，我们又要面对医疗的作用到底是什么，这个非医学生常会问的问题。特鲁多的墓志铭是最好的回答：有时是治愈，常常是帮助，而总是关怀和慰藉。医疗本身是人类善良情感的一种表达，从远古洪荒时代的相互救助，到现今科学昌盛时代文明社会的职业，其目的和宗旨并没有改变。生命的共通过程其实也没有改变，也只是活得充实、有意义；死得安详、有尊严。对死亡而言，虽然达不到快乐，至少是不痛苦的；虽然有时会悲惨，至少是有尊严的；虽然还不能完全选择，至少是安乐的。

说到底，长生不老是不可能的，只是要认识到死亡的艺术，此乃人类灵魂崩溃的艺术，或者达到美丽的死亡、尊严的死亡。《死亡的脸》正是要揭开庄严之死的神秘帷幕。医者，或者公众；医疗、医学，或者社会、人文，都因此而正视自然、洞彻生命。

令人钦羡的是作者舍温·努兰（Sherwin B. Nuland），他是医学教授，却以临床医生的精确和诗人般优美诗意的语言描述了癌症、心脏病、中风、艾滋病、老年性痴呆等的"死亡的脸"。这些描述乃是独特的、庄严的、敏锐的、睿智的。如"一颗心，以及心之死"——心脏病之死；"无欲、无爱、无喜、无忧"——阿尔茨海默症之死；"体内的睡梦之神的义无反顾"——自杀之死等。死亡的脸已经不那么恐怖了。

作者强调的就是不要把死亡想象或描绘成一个充满痛苦、惊悚、恐惧甚至令人厌恶的崩溃过程。坦率地讲，本书作者，包括我这样的医生作者，当然都不是死亡的向导和教唆者，我们的医者之心诚笃深重，不容置疑，只是担忧过度的关心乱诊、不当的医疗误导。

舍温·努兰还提出死亡的选择，所谓"了解真相，才有选择"，这是更为深奥难解的问题。此时，还要讨论一生过错、悲欢离合吗？诗人威廉·布兰特写道："以不变的信念，坚毅而宽心地迈向坟墓，放下卧榻的帷幕，躺下来做个好梦。"

关于死亡的书还有一些，如《死亡大辞典》（［美］迈克尔·拉尔戈（Michel Largo）著，新星出版社 2008 年出版）被誉为一本关于告别这个世界的百科全书。国人李书崇的《死亡简史》（四川文艺出版社，2009 年出版）甚至赞美死亡，因为它消弭了人类所有的困难，因为它让一切生命获得永恒。

让我们以此表达对死亡的敬畏，表达对诞生和全部生命的敬畏吧！

"生命的脸"需得珍重

《生命的脸》（海南出版社，2008年7月出版）是美国医生作家舍温·努兰的另一部惊世之作，可以认为是他的《死亡的脸》的姊妹篇。

当我写完《死亡的脸》的读后感想之后再写本文时，刚下笔时还觉轻松，但随着进一步思索，似乎觉得愈加沉重起来。因为，此书堪称"完全生存手册"，作为医者的我们，又真领会得如何？践行了多少？

作者将其35年来的行医心得，以12章具体的病例加以剖析展现，全书真实、细腻而且生动、深刻。

作者显然不是让读者去学习疾病的诊断和治疗（笔者也曾给《北京晚报》写过一幅字："保健靠自己，看病找大夫"），而是让读者洞察人体的奥秘，特别强调人体的自我保护、调整和修复能力，甚至认为这才是战胜疾病的决定性因素。这是贯穿本书的基本观念或主线。

从细胞、组织、器官到身体功能，是一幅丰富多彩的生命版图，有江河湖海、平原山岭，是一个包罗万象的宇宙。还请注意，这是富于智慧的机体,散发着灿烂的光芒!

尽管过去的一二十年(较之本书的出版),医学科学技术有了很大的发展和进步,但作者的基本观念不仅没有过时,而且愈加熠熠生辉。作者强调的整合是高屋建瓴的箴言,"平衡是一种技巧",是机体掌控和医者守则。医者和患者都不应忘却"就生物体而言,没有动乱就没有安定"——这乃是生命运动辩证法。

出于我的专业兴趣,我仔细阅读了第8章《子宫的演出》。该章讲述一个29岁妇女从妊娠到分娩的全过程,即分化之舞、新的体验、神圣的时刻,娓娓道来,引人入胜。但作者的观点并非限于此,而是强调机体的自身调节能力,才是完成这一复杂过程和"十月长征"的关键。该章结尾引用了英国诗人多恩的诗句:"没有人是一座孤岛。"这使我想起林巧稚大夫给我们讲的:分娩是个复杂而有序的过程,好像一张四条腿的桌子,似乎出不了这个门,可是七拐八拐,全然无损地被搬出来了。

虽然,我们并不排斥医疗帮助或者助产手段,但是分娩包括骨盆、产力、胎儿三个因素,也是相互作用,"协约"的。要不要干预?何时干预?如何干预?这就是妇产科医生的理念、经验和智慧了。

医生的智慧、病人的智慧、病人身体的智慧是要结合起来,朝着一个方向的。可不是拉车的天鹅、大虾和梭鱼,三力分支,车不动矣!

西医学从维萨里的解剖、哈维的血液循环,到如今的基因组学、蛋白质学,以及遗传学、计算机技术的发展渗入,到了事必称精准的时代了。人们,包括医生自己,可能太过高估了医者和医药的能力,太低估了"身体的智慧"。我们对人体的认识,可能只是一个星球,要求知的却是浩瀚无垠的宇宙。我们对疾病的治疗,治愈也只在少数。

作者的智慧也会感染他的病人和读者,哪怕是治愈无望,也一样有吟咏优美、深刻动人的生命之歌。一个正值生命弥留之际的青年,竟会如此呐喊：我将伸手摘月！若是生命，也仍与星辰同在。这不啻是一阕叹为观止的生存诗歌。

我不忍舍弃本书作者在开篇就引用的圣·奥古斯丁《忏悔录》中的一段话：

　　人眼见群山之高、浪涛之巨而啧啧称奇，
　　也因河流滔滔、大洋无边以及星辰运行而讶然，
　　却不曾对自己的身体发出一声惊叹！

聪明的公众或读者们，要了解自己的生命，不妨从读这部书开始。聪明的医生们，要想做个好医生，也不妨读读这部书。

生命是一种缘

生命蕴藏的奥秘深不可测，认识不认识也得认——认命，接受不接受也得受——受缘。

《生命是一种缘》（上海书店，2010年8月出版）是上海女作家素素的散文或者散文诗集，源于上海《新民晚报》的《读心集》专栏文章集辑而成。书名起得妙！可以认为是作者的内心独白，可以是心思飞扬，静心臆想，或者心无旁骛，我行我素，很难捕捉其主题，只是随她而行了。

我所了解的素素仅限于书的作者简介：生长于上海，复旦大学中文系毕业，出了很多文集，畅销风靡。《新民晚报》的专栏作家。如此而已，可谓素昧平生。只是看了她的一些书与文章，很是喜欢她的风格和内容。

素素的文风，很容易让人透视女作家的内里：婉约感性、细腻恬静；情理胜于叙事，独行擅于共进。她的文章更适于一个人静下来慢慢阅读品味；或可暂时放下，有空暇时不妨继续或者重新再看。

阅读应该是自由的方式。

阅读大概与写作一样，应该情（兴）之所至，笔（读）即随之，而不是为完成某种任务。

书中《伤逝》一文，讲的是爱——"曾经沧海难为水，除却巫山不是云"。却又并非男女之爱，又恐"爱与不爱无异"。《缩影》讲的是房子，是家，又延伸至社会，而国与家的差别在于对"错误"的无可奈何或者必须忍受！

……………

如此的议论，倒是蛮有意思，很有情趣。医生谈这类书，体会的是一种对生命的爱怜与眷顾，是一种感情酝酿，理性培养。这应该是不可多得的"课外读物"。

我对《生命是一种缘》感兴趣的另一个缘由，是和我的《一个医生的非医学词典》（署名叶维之）及至2019年出版的《一个医生的诗书》有所比较。

我的两本书都是以词为条目，都是散文式的叙述，都在追求自然天成，寓意隽永。不妨选择几个完全相同的词条，比较之、思辨之，颇为有趣。

自卑——维之解释为：自我缩身术。有时遁入，是为了反弹，千万不要轻信表面的自卑。素素的注解较细，结论与方法异曲同工：生活中最难相处的，不是莽夫泼妇，而是心态自卑的人。

永恒——维之题为：宇宙无永恒，任何永恒都是相对的。素素讲的是感情：心底的爱，因为无私无欲，因为淡泊忧伤，才会是真正的永恒。

小说——维之医生认为小说是扰乱读者感情、心绪、观念、行为的文字扑克。有时只重新洗一把牌，就变成了另一部新著。作为作家的素素当然发挥得更多，专门描述了言情小说的写作：不同年龄主人公的"言情"，以致已婚女人从感叹爱情到离婚。这种小说俯拾即是。

痛苦——医生认为痛苦有病痛、伤痛，可缓解，可治愈；而头痛、心痛，则难诊断、难消除。疼痛只是肉体的感觉，痛苦就有了"味道"，而痛楚则达到了心灵深处。素素对痛苦的理解颇为理性和哲学，体会到痛苦是一个人趋于成熟的显示。

《一个医生的非医学词典》千余条，比较简短；《生命是一种缘》150条，稍微细腻。我们可以粗略看出两者的差异，比较着看是有益的、有趣的。医学上叫"对照研究"。

两位作者的书有一个共同特点，就是著名作家李国文先生在《一个医生的非医学词典》的书评中所说：实践鲁迅先生提倡的解剖精神，解剖别人，也解剖自己；洞察社会，也洞察生活；充满感情，也充满理智。

这时，我们会更加体悟素素这本书的美好和深邃。

泰戈尔和纪伯伦

泰戈尔（Tegal，1861—1941）、纪伯伦（Gibran，1883—1931），两位伟大的东方诗人、作家，像是两颗璀璨的明星，永不陨落！

但我自己或者还有很多读者，似乎对泰戈尔更为熟悉，而对纪伯伦似嫌"冷落"。我从中学就对泰戈尔的散文诗感兴趣，《游思集》《飞鸟集》《吉檀迦利》等都是我视如珍宝、终不释怀的文学与感情的"锦囊"。直到今天，我还时常书写泰戈尔的名句作为条幅赠给我的学生，如："神期待人在智慧中重新获得童年""鸟儿从空中飞过，没有留下一丝痕迹"……我甚至斗胆加上一句"如果有些许羽毛飘落，那也并非它的本意"……

一个医生读泰戈尔的书，除了对文学或者诗歌感兴趣，还应该有什么收获和领悟呢？这就是：悲天悯人的情感、仁爱自然的心意、宽容豁达的理念、彼吾同怀的雅趣。我甚至认为这应该是医生必需的修炼和必备的品格。医生当然不一定是作家，却应该有文学情怀。

作家，是把感动和崇拜积累，是上天或外星球派来专门收获人们眼泪和鼓动共鸣的智者。医生,是把仁爱与慈善奉献,是佛与神派来专门慰藉人们心灵和擦拭眼泪的善人。如果,既是医生也是作家,又该如何呢?

当我读了纪伯伦的《沙与沫》之后,陡然间对纪伯伦肃然起敬,愧疚此前对纪氏的书读得不够。

纪伯伦是旅美黎巴嫩作家、诗人、画家,他是阿拉伯新文学的开拓者。他的爱与美的主题,高远的理想,许多诗句都可看成"人类永恒的箴言"。他的善恶、友谊、快乐、爱恨、美丑……都是可以加一个"观"字的。绝顶的睿智而深刻,如:"生命是两个一半,一半是冰霜,一半是烈火,而爱正是燃烧的那一半。""记忆是一种相聚的方式。""你的恨,我也爱之无愧!"我由衷地认为纪伯伦优美的格调、强烈的感情、动人的力量以及感人的咏叹,或许不在泰戈尔之下。

泰戈尔与纪伯伦,一位印度人,一位黎巴嫩人,都有鲜明的东方人的情愫和风格。泰比纪长 21 岁,家境优裕,80 寿终;纪一生坎坷,享年 48 岁;泰戈尔 52 岁荣获诺贝尔文学奖时,纪伯伦只有 20 岁。所以多数中国人都只记得泰戈尔了,包括徐志摩和林徽因的故事,包括泰戈尔做不成月老所发出的无奈和惆怅:蔚蓝的天空俯瞰苍翠的森林,它们中间吹过一阵喟叹的清风。

对于两位大文豪的笔墨,我们都可以说:那是诗化的哲学,那是充满哲理的诗。

做人和做医生其实是完全一致的,学文与学医也同样是学的人学。接着"记忆是一种相聚的方式",我们接下来又可以说"忘却是一种自由的方式,我们从健谈者那里学会了静默,从狭隘者那里学会了宽容,从残忍者那里学会了仁爱"。

两位先哲和大师的诗文(包括纪伯伦的画作)里,也有死亡和痛苦的主题,赤裸的人体,都是最人性、最美好、最纯洁的。这也是我们医生要面对的啊!

泰戈尔

纪伯伦

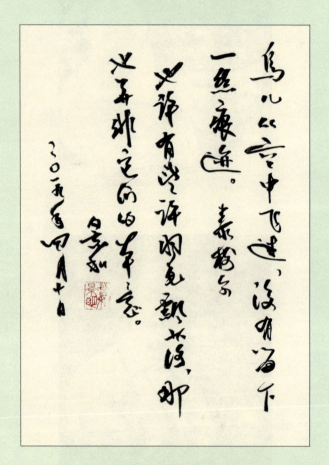

鸟儿从空中飞过

我的读书

我的读书,从小养成,已成习惯。

我读的书比较杂。我在中学时,课程不构成压力,所以课外书随便读,很有兴味。大学专业课程基本属于死记硬背,这是我的强项,周末一定要去省图书馆看遍全国各地的晚报,百读不厌的是鲁迅的杂文和泰戈尔的散文诗。当大夫要看的专业书籍、文献太多,但睡前、周末是必须要读闲书、杂书和非专业或"没有用"的书的。这是一种兴趣、一种欲望。这并非电影、电视剧所能比拟:前者有思考的空间,颇多兴味;后者无反刍的余地,较少回忆。

谁又能说文、史、哲与医学无关呢?《剑桥医学史》《世界医学史》就有多个版本,各有所长;有《美的历史》《丑的历史》,也有《妇产科学的历史》,甚至一种病也有一部历史,即《子宫内膜异位症的历史》。每部著作都让你大饱眼福,受益匪浅。从希腊的哲学,到中国的《易经》,居然可以与现代的数字医学联系起来,从中汲取的营养,绝非只是为了做医生。

我读的书比较多,但时间毕竟有限,所以读

书方法或许别开生面：我一般每一两个月去一趟三联书店或者商务印书馆，平均每次要买20本书，用一个多月时间把这些书浏览一遍，可谓走马观花，但一本书的要旨、中心内容都用心记下。以后每有"用场"，则会得心应手地找出来，细读某章、某节、某段、某句，或做笔记，或记感想，或留标记，可能还会再读。

书店、书房犹如海洋，不会让人"望洋兴叹"，而是给人以遐想、激情和力量。书店、书房好像人群，各色人等让你眼花缭乱，但有的人只是遇见而已，擦肩而过；而有的人让你难忘、留恋，愿再盼顾，或成终生爱人。马可·奥勒留的《沉思录》，奥古斯丁的《忏悔录》，赵启正、帕罗的《江边对话》，休斯顿·史密斯的《人的宗教》等，都不是我的专业书，但我却始终放在身边，甚至办公室和家里各有一套，随时翻阅。

我喜欢读经典。我们现今可以涉猎知识和信息的途径很多，报章杂志、网络媒体，很快捷、很广泛，当然非常之好。但这些仿佛是快餐饮料，解饥解渴，有时很需要。而若作为"滋味"及"营养"，我以为应该读经典原著，此乃"正餐"是也，最为令人受益得意，值得慢慢品尝、细细咀嚼、深深思味。我们从经典论述中，不仅可以学习知识，更主要的是可以领悟先哲们的思想。

我们会发现，那些自以为是、自鸣得意的想法，早已被大师们深刻地阐述过了，我们不过只是浅尝辄止而已。"你懂得了子宫内膜异位症，就是懂得了妇科学。"如此深刻的真知灼见竟然在20世纪初，出自伟大的医学教育家、一位内科大夫威廉·奥斯勒的笔下，真令人惊叹而汗颜！

——阅读是令人快乐的，阅读是令人恐惧的。

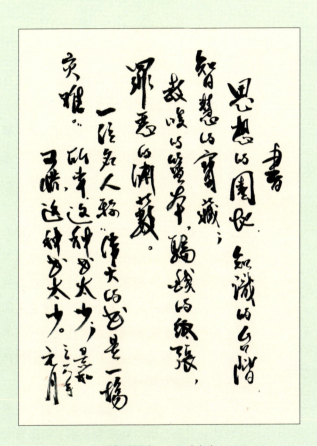

思想的园地，知识的台阶

我的读书报告

在每月一次的全科月报会最后,我有时会有一个十来分钟简短的读书报告。

可以是经典妇产科学术名著,如《努瓦克氏妇科学教科书》《铁林迪妇科手术学》《邦尼手术学》等,也可以是医学人文、哲学、宗教、文学、艺术等方面的。

我和同事们一道阅读威廉·奥斯勒的《生活之路》,领悟这位伟大的医学教育家所指出的:医学实践的三个弊端在于,历史洞察的贫乏,科学与人文的断裂,技术进步与人道主义的疏离。这时候,我们陡然间深重地感觉到这三道难题不是解决了,而是至今依然困惑着我们现代医学及医疗改革的发展与变革。

我发现,很多时候很多人只关心技术本身的现状和发展,而忽略或完全不了解医学大家的生平历史。如伟大的妇科手术大家维克多·邦尼,邦尼是子宫和卵巢肿瘤保守性手术或保留生殖和生理功能的开拓者,如子宫肌瘤和卵巢囊肿剔除术。他在 73 岁时还从一个病人的子宫上剔除 258 个肌瘤,成为一项纪录。这在《邦尼传》里有生动的描述。我鼓励大家去读原著，而不要满足文摘和综述这样的"快餐"，因为经典和原著不仅可以使我们深刻理解知识和技术，还可以领悟先哲们的思想。也许，我们浅尝辄止的自以为是的理念，早已被大师们阐述清楚了。这里还涉及一些历史的陈述，如《妇产科学的历史》《子宫内膜异位症的历史》等书，都十分有趣和有益。

前两年读了一本《江边对话》，令人拍案叫绝，禁不住向同道们介绍与推荐。

这是国务院新闻办公室主任、人大新闻学院院长赵启正先生和美国著名传教士路易·帕罗先生在北京和黄浦江边的三次对话的记录，是一位无神论者和一位基督徒的友好交流。谈话涉及的内容非常广泛，包括文化、宗教、社会、科学诸多问题，充满了哲理、坦诚和睿智，根本观念相异，却可殊途同归，凸显人类文明、社会发展的闪光。

当读到一些伟大的科学家，如伽利略、牛顿、开普勒、爱因斯坦等都是基督教徒时，如何理解或解释科学家研究的唯物性和信仰的唯心性，是一个艰难的话题。"神学家讲神学，从上到下；科学家讲科学，从下到上。"如是说，还是有些费解了。爱因斯坦说："我想知道上帝的想法，其余的都是细节。"我觉得有点狡黠。或者可以认为，上帝指明方向，科学家完成细节，而神学家也要迎接科学的挑战。

我的书房

几年前,我还没有真正的书房。在家里,卧室就是书房,在医院里,办公室就是书房。有时很羡慕别人的大书房,一排整齐的书橱,一张宽展的桌台。有时又不以为然,一次到某单位,主人让进书房,只见积书满架、字画悬挂,令人兴趣盎然;我随手取书一览,竟然只是书壳,乃为装饰作样也。

前些年,孩子都出去了,空出房间,辟作书房,甚为得意。也想像一些文人墨客、富豪名士,为自己的书房起个名儿,叫个什么居呀、斋呀的。还没想好,现今已经毫无"居""斋"的雅境了:书架上的书全被挤出架外,原来想歇憩的躺椅上躺的全是书;进出要侧身,常有书被碰掉,身上颇多划痕;偶尔会发生"地震",重新摆码倒不是件烦恼事,可以重新浏览一遍藏书,会有意外的惊喜和发现。

环顾四周,又生出一些感慨:原来没有书房时,写了不少书;现在有了书房,却也没多写什么。所以,写书不在乎有无书房,或者书房并不完全是写书、看书的地方。

我的医院办公室兼书房，可用"小、乱、差"三字以蔽之。书满四壁，如坐"书井"，自得其乐。我常写条幅更换，如"可借钱，不可借书"，不是小气，是因为当写作时，想起一本书要查阅，如不在身边，整个"工程"就进行不下去了。又如"叩门不迎客，举书可得书"，是为了清静，思绪不会被打乱。但同事和学生们呼喊"郎大夫""郎老师"时，自然有请。

陋室小小，好处多多：一则，来访者只能限于二三位，多了进不来；二则，只能放一把椅子，客人站立，我也站立，这样，说短话，快办事。又如"坐拥书城，环顾世界"，书籍展现世界，书籍引出梦想，也是一种自我慰藉、自我陶醉吧。

我的"小、乱、差"办公室兼书房

学哲学

我自幼对哲学感兴趣,从读庄周梦蝶、濠梁之上开始。在高中,我认真读了冯定的《平凡的真理》、艾思奇的《大众哲学》等著作,还做了笔记。当年想报北大哲学系,那时念哲学系是要加试数学的,自觉那是我的短板,未敢一试。今天倒是庆幸没成为专业哲学工作者——也是一种奇怪心理!

后来,读了毛主席的《实践论》《矛盾论》等,都是很好的哲学书。西方的经典哲学当然是必须要读的,从开始的不甚了了,到后来的些许领悟,先还以为是一些哲学书写得越来越明白易懂,后明白是自己的理解力提高了。

有些哲学定义,令人困惑,如"哲学是一种乡愁"。怎么也想不清楚。因何而来,是为何意?为此找出三十几种哲学定义来细读,感觉虽大同小异,却也百花齐放。其实,哲学不过告诉我们如何看待问题、认识事物,如表象与本质、存在与意识,事物的运动与变化、辩证与分析等,即认识论、方法论是也。

有人调侃:"什么是学问? 就是把明白的

事讲得让人不明白。"感觉我当年的中学课老师讲得很不错，赫拉克利特的"人不能两次踏进同一条河流里"是在物理课上听到的，是说明物质的运动、变化本性，还有"一切皆流，无物常驻"。这些真是绝妙的哲学启蒙！

学了医学，当了医生，哲学更是须臾不可离开的了。有道是："哲学始源于医学，医学归隐于哲学。"医学不是单一的或纯粹的自然科学，它是自然科学和社会科学的结合，或者与我们强调的人文科学三者的结合，而这一切都离不开哲学。一个医生的医德和医术，其核心就是人学和哲学。不论你有意识或无意识、自觉或不自觉，都是在实行一种哲学。我们为什么不有意识地、自觉地实行一种完美的哲学呢！

当下，科技如此飞速发展，无疑为医学发展、临床诊治提供了强大助力，但医生的单纯技术化倾向、思维板结和沙漠化令人担忧，尤其需要哲学的浇灌和滋润。"一滴血检测所有癌瘤和疾病""长生不老、包治百病的处方"……其实，从哲学上来看都是不可能的，显然是不实宣传和虚假广告。

就是近年，风靡医界、纷至沓来的各种"新概念""新理论"，如用哲学分析之，都不是什么新鲜事儿。循证医学："要调查研究，调查就是解决问题""没有调查就没有发言权"。转化医学——"从实践中来，到实践中去""实践—理论—实践"。精准医学："我们要对技术精益求精，对同志对工作极端热忱"。……后面的话都是毛主席早在《实践论》《矛盾论》《认识论》等著作和思想中阐述过的，何等深刻、精辟、明了啊！

我曾写过一个条幅："医学是我的职业，文学是我的爱好，哲学是我的训练。"让我们接受哲学的训练吧。

知识的篮子

从中学起，我就有用一个小本随时摘记的习惯，日积月累，这种小本子积有数十个之多，我称之为"知识的篮子"。

"篮子"里的内容非常丰富，天文地理、历史趣闻、名人箴言……可以说应有尽有。只要是我感兴趣的（不一定有用，也不知道是否会有用——可能都会有用），均属"捡拾"之列，题为"平时多采撷，过后再思量"。

与工作相关的，主要是专业文献摘要，做成文献卡片，中英皆有，可手写，可打字，形成分门别类的卡片盒子，便于检索查阅。

电脑下载、文件U盘则是近年来计算机应用之结果，当然快捷方便了许多。但手写摘抄的习惯依然坚持不辍，摘抄的多为医学专业以外自己感兴趣的，这是一种业余爱好，是一块自我耕耘、孤芳自赏的"自留地"。

我现今的"篮子"，可是有些讲究了：宣纸线装册子，甚至是云南丽江、和顺特产的宣纸本，用毛笔行书记录。不仅仅是摘记，通常还有评论，更多的是随想感悟或偶得的小文，居然积攒了几十本，这个过程中也把行草书法训练了一番，提升了不少兴致。有时是专门为写字、研读而抄录的，如《心经》《滕王阁序》、奥斯勒《生活之路》的断章等，都有复习与欣赏价值。

重新浏览这些记录本，会为自己"活到老、学到老"的行为而自我感动。其实，关键在于"学习着、辛苦着，但是快乐着"，也应了孔圣人的教诲：知之、好之、乐之。做到乐之，又须何求？——"一箪食，一瓢饮，在陋巷，人不堪其忧，回也不改其乐。贤哉，回也。"

重新收拾这些"篮子"里的物件，有些已是几十年的陈年老货了，可绝不是破烂儿，而是宝贝，令人稀罕；当然，也许是敝帚自珍。有的词儿、有些话语、有些断章、有些评说，依然思想火花四射、熠熠闪亮，令人回味，甚至像是久违的朋友重逢，勾起许多联想，诉说难忘的故事。

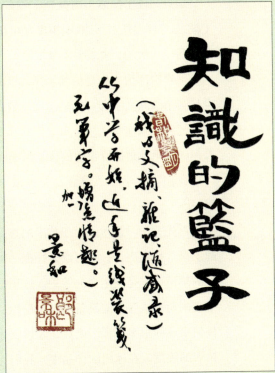

知识的篮子

纵情之痛与切肤之痛

医生之与艺术，真不是附庸风雅，而是相通和共体。所以，医生要爱艺术、懂艺术、用艺术。

最近，读了冷冰川的世界——《纵情之痛》（湖北教育出版社，2003年1月出版），其文字与图让我激动，并受到启发。

著者冷冰川先生是位名画家，极具个性，至少从其书画和文字即可领略。《纵情之痛》是他的手记和绘画作品选，有布上作品和纸上作品；刀刻的版画像是他眉宇间的纹，深刻而鲜明。

我们虽然学不了画画，但可以学学画者的思想。

首先，学习艺术家对于艺术的热爱和对事业的追求。作者声言：我对绘画怀抱一种纯粹与虔诚的热情，它是我生命的熔炉。这正是包括做医生在内所有执业者应具备的基本思想，也是成就任何事业的根本保证。之后，才可以达到沉迷和执着的程度。在冰川的作品中，我们无处不见其表达和流露出的对于艺术的专注、酷爱、兴趣和追求。艺术的追求，犹如航海者，要历经惊涛骇浪，才能抵达彼岸；医学的追求，恰似攀登者，要历经悬崖峭壁,才能到达顶峰。无论学艺还是学医,两者都一样,没有捷径,无法取巧;不可显摆聪明,只能隐藏智慧。

其次,必须谈到爱。作者对绘画艺术之爱,达到了疯狂的程度,我们可以从每笔涂抹、每个线条看出这种爱的力量。作者说:我爱人,我爱自然,胜过一切。一个医生何尝不是如此,如果说艺术家是以艺术表达爱,那么更应该说,医生是以爱表达医术。关爱比技术更接近医学,真情比技巧更接近艺术。医学和艺术都是从爱出发,又到达爱。

艺术家当然有高超的技巧,这常常使绝大多数人望尘莫及。艺术之神圣也在于它的神秘、深奥,让我们敬畏却步。而冰川先生却说:千万不要陷在技巧里,淫技就是病房。怎样理解呢?一边看着作者精美的画,一边念着作者优美的诗,作者给了我们最好的诠释和解说:我的画作,一半是诗意,一半是手艺。只有诗意,没有作品,创作难以尽善尽美;只有手艺,没有诗意,又不能创作。这又可联系到我们的医学和医术,医术也可以认为是手艺,而医生的诗意就是思想,就是哲学,此乃医学之源、医术之本。我们常常想到,或者常常遇到,艺术可以作为一种修养去学习、去体察、去感悟,但去从事谈何容易。从事艺术是要有激情、有天赋的。从医,大概不要许多天赋,勤奋、刻苦就可以了,但跟天赋一样不可缺少的是对人的善良、同情和关爱。

这部画册的后半部分画的都是女人,黑白线条,美艳绝伦,千姿百态,风骚迷离。作者毫不掩饰地说:"我作品里的女人都是虚构的,只有欲望是真的。"

我对其书的欣赏则出于两点。

其一,让我们欣赏美、美人、美学、美丽……更重要的是要爱美、爱美人、爱美学、爱美丽……我们没有艺术家那么浪漫,我们的爱多半是关爱、爱护和怜爱,爱的对象是人,更是病人。可以和冷冰川先生齐声说,没有爱,就没有艺术;没有关爱,就没有医学。我也有些作品，作品里几乎离不开女人，但那都是真实的，没有欲望，只有现实的理想。

其二，有助我们学点绘画的线条手法。我们主张医生应该会画图，主要是解剖，主要是速写和线条。我们可以揣摩、临摹这些优美的女人线条，成为一种训练、一种技法。我们也会想到林风眠、马蒂斯等大家的画。这时，医学的情趣变成了艺术的情趣，也是妙不可言。

冰川的书名叫《纵情之痛》，是虚幻的、精神的；我体会的却是切肤之痛，是真实的、肉体的。

冷冰川刻墨作品《小说》

人类向何处去？人类会如何？

尤瓦尔·赫利拉的另一部书叫《人类简史：从动物到上帝》（中信出版社，2014年出版）。封面很有意思，一个大大的指纹印，没有注释。我倒想略加议论：这显然是人的指纹，又很像是树的年轮。年轮是生长的烙印，深深地刻在那儿，不可再雕琢改变；指纹是遗传信息，也深深地刻在那儿，不可随意修饰和涂抹。

遗传、成长，进化、变异，生老病死……盖出于此。作者提出的命题就是：人向何处去？人从动物界分离出来，要成为主宰动物界和自己的"上帝"和"神"吗？

作者开宗明义提出，从10万年前的生命迹象出现，到21世纪，到未来；从洪荒到文明，经历三大主线的认知革命、农业革命和科技革命。认知从对上苍的顶礼膜拜，宗教的诞生和驱动；农业使人从单纯的狩猎采集者变成可以种植、收获庄稼，有了食物的人；而科技似乎使人跳出动物圈外，完全改变了人在这个星球上的地位。

这三条"革命路线"，就是认识生命、认识自然、认识自己的发展过程。这期间，有些物种毁灭了、绝迹了。而自然呢？自然并没有，也不会毁灭，它们只是改变或者变化。这些改变或者变化，也是"惊天地，泣鬼神"的。人是进化了，岂知老鼠和蟑螂也许会全盛！

地球上的人类繁衍，有记录的如下：

1700 年，7 亿
1800 年，9.5 亿
1900 年，16.0 亿
2000 年，60.0 亿
2014 年，70.0 亿

显然，讨论人类灭绝还为时过早！但是否会如此不断地增长呢？非也。人口的增长速度会慢下来了，生育能力下降，生育欲望下降，老龄化上升。

况且，无论个人辛酸，或者整体苦难都有增无减，死亡或死亡威胁无处无时不在。书中记载，2000 年，全球于战争中死亡 31 万人，暴力犯罪中死亡 52 万人。已经很令人悲怆了，但车祸死亡高达 126 万人，竟还有 81.5 万人自杀身亡！文明社会，文明几何？科技发达，发达何用？人们的乐观与悲观如何评价，痛苦感或幸福感又如何认定？因此，仅仅以科技发展或者 GDP 来衡量社会是多么狭隘啊！

我们又得跟着作者回到人与自然交际的足迹和脚步上来。

我始终认为，无论何种社会（包括不同制度）和何等人众（包括富有和贫穷），都一样要敬畏自然、敬畏生命，像珍爱生命一样珍爱自然，像善待自然一样善待生命。甚至用这样一种观念去看待"自然施虐"和"天降灾祸"。历史告诉我们森林大火"帮助"了小麦生长，草原上的"生物链"维持了动植物平衡。而在历史中，我们的先祖们留给我们的是瞻顾、景仰或思索远古时代的能力以及文化和复杂程度，像南美玛雅文化，像英国的巨石阵（Stone Henge）……也许我们现今的"生活秩序"未必比之"高大上"多少。

时至今日，我们仍然得承认，人类不是神，也演进不到神。神是人们信仰和期望的越位。人开始可能很虔诚，诸物诸事皆神，是为"多神论"。后来，又相信（实际是期冀）有一位唯一的神掌控宇宙的最高权柄。科技发展让人们又逐渐淡化或漠视"一神""多神""一元""二元"，形成新的科技崇拜、数字崇拜。其实，这些皆源于对自然及自然法则的认知，大概都没有认全和认清。超自然的控制和超自然的秩序可能都不存在。

此时，我想起了科学思想家霍金的"十问"。科学家应该是思想家，一旦成了思想家，思想就不仅仅是本学科的领域，会在天、地、人、社会驰骋，或天马行空，或钩沉远古。在大多数历史书籍中，我们强调的都是伟大的思想家、英雄的战士、慈爱的圣人以及创造力充沛的科学家、艺术家，记住的是他们对社会结构的建立和发展，对人类进步的推动和贡献。但这一切终究给人类与社会带来的是痛苦抑或快乐？他们本身都可能是成王败寇，又如何评价和感受呢？

作者的初衷或许如此，但也只是提出了问题，并没有完全回答，或者也没有圆满回答这些问题。

还是以我国明代憨山高僧的《永嘉真觉大师证道歌》作为《人类简史》读后感的结语吧：

君不见：绝学无为闲道人，不除妄想不求真。无明实行即佛性，幻化空身即法身。

初读《易经》

《易经》的"易",却是让人感觉最大的"难";《易经》的书,让人望而生畏。

《易经》,人人都知。读和学的人很少,懂和用的人更少。我有一位研究《易经》的朋友,他不仅经常对我讲,还多次鼓励我看看《易经》的书,并果真送来几部。

我必须先念起来,以我的古汉语水平,阅读倒不困难,但理解却颇费心思。

首先,得明白"易经,神不神"。《易经》当然是神秘的、神奇的,梁漱溟先生称之为"六经之首,大道之源"。《易经》是几千年中国传统文化的结晶,始于卜筮,深刻丰富,表达了对宇宙变化的认识和思维,的确有玄虚之妙!但它又是不神秘的,可学可用的。易经对"神"的表达极为客观公允:"阴阳不测谓之神。""神者",不过是变化无穷、难以测知的规律。这正是《易经》,或者我们和《易经》一样要去探索的道理,也诚如生命机能、生物密码、医学本源的研究与实践。

其次,《易经》的核心是数,所谓"易逆数

也"。数是事物的本源，世界上一切事物都是由数产生，由数表达的。一切事物都有数的属性，只有将自然界的一切属性归属于数，才能更好地理解事物的本质以及它与其他事物的相互关系。

我们会感觉到数字的美妙和深奥，数字是有灵性的、通情达理的。数字是变化的，数字的变化就是事物的变化。

《易经》既是玄妙的，又是实际的体现和本源。

也可以说，《易经》是现今的数字医学、人工智能医学的天籁之声！我有一篇文章专讲"从易经到数字医学"，无论是计算机的演算，还是数字组合与《易经》的八卦和推演，都是数字处理，两者异曲同工，和谐统一。谁又能说，《易经》是玄学和迷信呢？

再者，《易经》为我们提示了阐发宇宙变化理论和象数思维方法，更重要的是周易理念是对思想家、科学家的理论思维能力和思维方法的锻炼。避免机械唯物论和以局部代替全面的缺乏辩证与分析的思维偏颇。

医（学）易（学）是相通的，不仅在于中医，更在于医学思想和临床与基础的思维或研究逻辑。数字医学应该通过"数"与易学结缘，显现"事事皆数"的共同特点和基本要点。

我想，医生们应该读点《易经》，《易经》应该是中医学院的必修课（不知有否、可否）。正确认识《易经》，正确认识易学和现代科学的关系，正确构架易学和现代科学的联络，不妄自菲薄，也不盲目炫耀。还应该避免对《易经》的误读和误导，"八卦卜算""封建迷信"是误读，"上苍注定""听天由命"是误导。数字医学也一样，它提供了越来越多的信息，以"追求精准"，但"命运"安排也不全在于数，判断在人。处理检查结果和诊治决策，也不能完全依赖检验报告，还有其他考量，特别是人文关怀，不可见数不见人。可谓"算法彰显智慧，判定昭示人文"。

我的研究《易经》的朋友常常在我面前演算，我说没时间记、没时间算、没时间学，他说"知易者不占，善易者不卜"。我真是得到了大大的宽慰。

无论怎样，我只算初识《易经》。

医学是有温度的

《真情沟通》(人民卫生出版社,2019年5月出版)一书讲了100个医患沟通的故事,很有意思,很有意义。

医患矛盾从来没有像现今这样敏感而紧张,医患几成敌对,令人不解,让人不安!

这是不应该的。医生和病人(或者病家)共同面对,并一起战胜疾病和死亡,是天然的同盟军。为什么会产生矛盾?仅仅是由于"看病难""看病贵"吗?还不是。

基本症结在于公众对医学、医疗和医生的理解不充分,甚至不正确;还在于医患之间的沟通不和谐、不到位。所以,这本书的书名四个字用得好,抓到了要害:需要沟通,更需要真情。

医患之间是需要沟通的。因为病人对于所罹患的疾病并不非常了解,或者不能正确了解;对其诊断治疗中发生的问题及其结果,也许不甚了了,却会顾虑重重、忧心忡忡。这是需要医生耐心、明了地解释的。

这其中会有"沟壑"——

医生是按照医学规律去审慎病情、决定处理

方案的，更想减少复发和进展，常常是相对的；而病人是按照自身体检看待症状、功能障碍和相关问题的，更想完全减少副作用和痛苦，常常是绝对的。

因此，医生要善于交流和沟通。世界医学教育联合会在《福冈宣言》中指出：所有医生必须学会交流和处理人际关系的技能，缺少共鸣（共情），应该视作与技术水平不够一样，是无能力的表现。在《爱丁堡宣言》中也强调：合格的医生应该是一个专心的倾听者，仔细的观察者，敏锐的交谈者和有效的临床医师，而不是满足于仅仅治疗某些疾病。

在《真情沟通》一书里，几乎没有例外，都谈到这种沟通的重要，甚至沟通的方法和技巧，即沟通的艺术。所谓共情和反思，就是叙事医学的核心，医生的共情是观察力、洞察力、感染力或感受力的综合能力或品格。

当然，重要的不仅仅在于技巧，更在于真情。真情才是核心的核心，是水之源、术之本，从医生和病人的第一次见面开始——

> 面对病人——
> 无论是年轻，还是老迈；
> 无论是漂亮，还是丑陋；
> 无论是富有，还是贫穷；
> 无论是权贵，还是百姓……
> 医生都一视同仁，他们都是病人：
> 没有技术傲慢，没有人格傲慢，
> 没有疾病歧视，没有阶层偏见。
> 医生给予我们的都是关爱！
>
> 面对医生——

无论是男子，还是女性；
无论是青涩，还是老到；
无论是率直，还是婉约；
无论是敏捷，还是沉稳……
病人都一样尊重，他们都是医生：
没有金钱傲慢，没有权力傲慢；
没有年龄歧视，没有性别偏见；
病人给予他们的都是信任！

回到医患之间的纠结，其实，这不是一个"死结"，而是一个"活结"，这个结是完全可以通过了解、理解、谅解这"三个解"来解开的：要了解病情、人情，了解医疗、医生，了解医家、病家；要理解诊断、治疗、结果；要谅解病人的焦虑和无助，谅解医生的困惑和无力，谅解医学的窘境和无奈。

这样，我们的医疗环境，或者这个"道场"一定是和谐的、友善的、功效的。

这100个案例，就是100个故事，感人至深，动人心弦，令人深思。医生是应该会讲故事的，我期望医生要好好讲故事，讲好故事。为了公众，为了病人，也为了医学。

序

医患关系或医患沟通似乎从来没有像现在这样紧张或者眼瞎、血云成内缘故。在逻辑上，公众普遍认为这个问题。

其实，医患关系也是社会上众多吾人沟通关系，如果从人文角度去审视，即从医患之间人文情怀去思及，也许可以找到的

医患关系

还有诗和远方……

自己写了一本书,自己再读一遍,自己又写一篇读后感,倒是一件很有意思的事情。

我首先被自己感动:在如此繁忙的医教研工作之外,还能写出这么多文字来,是很不容易、很辛苦的;接下来,可不是自我欣赏,而是挑毛病、挑不足;这儿有点遗憾,那儿有点羞愧……

但毕竟敝帚自珍,还是有些话要说的。

我写过一些关于医学人文的书与文章,乃是作为一个医生的职业使命。如何强调它的重要性都不过分,如何阐述它的内容都不多余,因为医学的人文属性就是医学的本源。

而关于想集辑一部诗文、手书,则是一个不期而遇的机会,或者是源于突然而生的动念。这源于我的《一个医生的悟语》,此书主要内容为短句、箴言录,受泰戈尔、纪伯伦的散文诗集的启发。于是,为何不编一部与医学和医生密切相关的散文诗集,或者简短感言、箴言之类的小书呢?

一个医生对于工作、生活、读书的思考,也是可以诗化一点的;对于人性、情感、哲理的揣

远方

摩也是可以深刻一点的。这应该是医生的天然品格和后天修养。我想起了从中学时代就耳熟能详的高尔基的名言:"我之所以具有这种本性,应该感谢人类灵魂的圣经——艺术,感情的诗;科学,理智的诗。"

及至从医多年后,我酝酿出了《一个医生的悟语》:科学家也许更多地诉诸理智,艺术家也许更多地倾注于感情,而医生则必须将冷静的理智与热烈的感情集于一身。

也许,这就是我编撰、出版这部《一个医生的诗书》的根本动机和热切的初衷了。

全书分《哲思录》《医思录》《恩思录》《游思录》及一些手书与小画,这几部分实则很难划分,它们是密切相连的。我对哲学的理解,当然主要是从医学的角度,而医学与哲学的相关是天然的、必然的。正是:哲学起源于医学,医学归隐于哲学。

我的成长,甚至从医,离不开前辈与师长的教导,言传身教,耳濡目染,对他们的缅怀和铭记是终生的。

至于诗文,乃是我自幼的一种爱好。把它们收集起来,就如同捡撷落叶,成为一种类似少年的兴趣和游戏,仅供读者休闲解闷儿而已,无须用心。

我常想,医学或科学要与文学相结合。科学家如果懂得了文学,或者文学家懂得了科学,两者都可以用优美的、形象的、感人的文字将科学通俗化、兴趣化。这不仅是科学普及,还有思想升华。

所谓医学的诗化、哲学化,也不仅仅是一种理论的高度,应该成为从医者的一种理性思考和实践技能。把形成哲学化、诗化的医学,或者把充满科学的、理性的诗,献给公众,是我们的一个新的要求和目标吧。把自己培养成为具有诗人气质和科学家风度的医生吧!

大众看这本书,可以了解、理解医学、医疗和医生;医生同道们看这本书,像是拿起听诊器,听天、听地、听人。我们要有哲学的理念、文学的情怀、音乐的梦幻、字画的神韵。如是，一定会给我们疲惫而枯燥的工作和生活，带来清醒、灵性和愉悦，带来睿智、巧慧和美妙！

一个医生工作繁忙、生活紧张，编撰专业书以外的著作可以认为是一种调节剂。当然也很辛苦，快乐在辛苦中。

于是，我写下了这样的话：除了医学和医术，还有诗和远方！

《一个医生的诗书》后记

一本书要出版，总有一些想让读者先知道的话，这便是前言——我一直强调，看书应先看前言。还会有些话，是想表达一下成书后的未尽之意，这便是后语或后记——我认为这后记也是不应该漏掉的。

我在这里想强化一个概念或观念，就是"意象"。这缘于我和著名艺术家、书画大师尹沧海先生的一次讨论。意，指艺术家的主观情感，对作品意境的理解、把握、动念；象，是客观形象、描绘对象，甚至是哲学概念，譬如老子《道德经》云"大象无形"，艺术家亦可"得意忘形"。所以，可以认为，"意"是主体，"象"是客体，"意象"就是主观与客观结合所形成的"形象"。《易经·系辞》"圣人立象以尽意"是之谓也。

艺术家通过"意象"创作艺术作品，其实医生也可以，甚至必须通过"意象"，才能很好地完成诊断治疗。

试想，我们从病史、主诉、症状、体征、检查，到形成印象（以前病历常用 impression，这与意象 image 已经接近了），进而诊断，继而制定治疗方案，包括手术设计、手术发现、操作过程，以及随诊处理等，都应该有一个清朗的意象，形成完整的图解。这个过程与艺术家的创作完全一样！诚然，我们是在人体上（而不是模特上）完成的，"医生是在一个活的机体上完成艺术作品的雕塑家"。我们在生命中，或者我们使生命保持真、善、美！

亦如著名美学大师朱光潜先生的名言："美不在心、不在物，而在于心物联系中，是意象的存在。"

可以说，这也对医学、医疗和医生，或者怎样做医生、成为怎样的医生，提出了新的、更高的要求。作为真、善、美集中表达的医学和医生，必须有意象观念、审美意识、哲学理念和人文修养，显然不能仅仅有专业知识和技能。

我一直以为学习艺术、文学对于医生是一种职业训练；研究哲学、人文对于医生是一种品质培养。爱因斯坦说："仅仅以专业教育是不够的，那只能成为机器，不能成为和谐发展的人。"我的这本小书，就是尝试与广大同道展开翅膀，在天空飞翔来俯瞰大地，体验辽远、广阔、壮美之境。那才是医学和医生的境界，也是意象也！

每一个医生对其所置身的世界应该有诗和美的注视、凝望和眷顾，对病人充满体谅、关爱和负责。不断提升我们的职业洞察、职业智慧和职业精神。

（《一个医生的诗书》，生活·读书·新知三联书店，
2019年2月出版）

《一个医生的诗书》书影

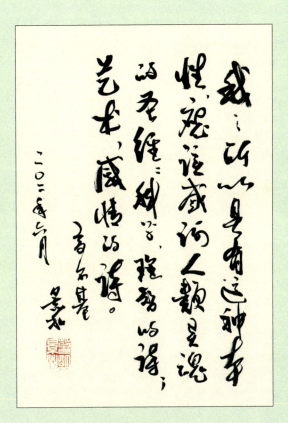

我之所以具有这种本性